民法典普及推荐读本

民法典

侵权责任编

实用问题版

实用问题及实务工具部分撰稿人

杨 萍

上海市黄浦区行政学院

黎明琳

上海市黄浦区行政学院

王文静

上海市黄浦区行政学院

法律出版社 | LAW PRESS

图书在版编目(CIP)数据

民法典侵权责任编:实用问题版/法律出版社法律应用中心编. -- 北京:法律出版社,2021
(民法典实用问题版系列)
ISBN 978-7-5197-4811-1

Ⅰ. ①民… Ⅱ. ①法… Ⅲ. ①侵权法-汇编-中国 Ⅳ. ①D923.79

中国版本图书馆 CIP 数据核字(2020)第 139508 号

民法典侵权责任编:实用问题版
MINFADIAN QINQUAN ZEREN BIAN:SHIYONG WENTI BAN

法律出版社 法律应用中心 编

责任编辑 朱海波
装帧设计 鲁 娟

出版 法律出版社
总发行 中国法律图书有限公司
经销 新华书店
印刷 天津嘉恒印务有限公司
责任校对 王语童
责任印制 吕亚莉

编辑统筹 法律应用出版分社
开本 A5
印张 8.125
字数 280 千
版本 2021 年 2 月第 1 版
印次 2021 年 2 月第 1 次印刷

法律出版社/北京市丰台区莲花池西里 7 号(100073)
网址/www.lawpress.com.cn
投稿邮箱/info@lawpress.com.cn
举报维权邮箱/jbwq@lawpress.com.cn
销售热线/400-660-8393
咨询电话/010-63939796

中国法律图书有限公司/北京市丰台区莲花池西里 7 号(100073)
全国各地中法图分、子公司销售电话:
统一销售客服/400-660-8393/6393
第一法律书店/010-83938432/8433 西安分公司/029-85330678 重庆分公司/023-67453036
上海分公司/021-62071639/1636 深圳分公司/0755-83072995

书号:ISBN 978-7-5197-4811-1 **定价**:32.00 元
(如有缺页或倒装,中国法律图书有限公司负责退换)

出版说明

2021年1月1日《民法典》正式施行。《民法典》是一本写满民事权利的宣言书，与人民的生活密切相关，几乎所有的民事活动都能在《民法典》中找到依据。为帮助读者更好地理解《民法典》中的法律概念、术语以及具体条文的适用，我们从实用、易懂、便捷的角度出发，编写了“民法典实用问题版系列”图书。

本套图书具有以下特点：

1. 实用的解读。对重点条文根据立法、司法、行政机关的释义、解读以及相关法律法规的规定等进行精炼、准确的解答，为理解、适用《民法典》的条文规定提供实用的解读。

2. 实用的指引。结合生活、工作实践提炼法律适用问题，并依据《民法典》及相关法律法规、司法解释、部门规章的进一步规定进行分析解答，为处理法律事务、解决法律问题提供实用的指引。

3. 实用的工具。提炼法律知识图表，让成体系的《民法典》相关规定的适用一目了然，同时收录了常用的法律文书（合同）范本，供读者参照使用，为处理民事法律事务提供实用的工具。

4. 实用的依据。收录常用的法律法规、司法解释、部门规章等（电子版免费阅读使用，并持续更新），并以《民法典》的体例进行划分，条理清晰、查询方便，后续电子版将根据法律法规的变化持续调整，为处理民事法律事务提供实用的依据。

带着问题学习法律，以法律解决实际问题！希望本套丛书能够为广大读者带来切实的法律帮助。

2021年2月

《民法典》线上配套法律法规汇编

本汇编为“民法典实用问题版系列”的配套法规，旨在为读者提供便捷的、全面的在线内容查询。本汇编以《民法典》的体例划分，条理清晰、查询方便，后续将根据法律法规的变化持续调整，为处理民事法律事务提供实用的依据。

本汇编包含：(1)《民法典》全文正式版本。(2)《民法典》与《婚姻法》《继承法》《民法通则》《收养法》《担保法》《合同法》《物权法》《侵权责任法》《民法总则》相关法律的条文对照。(3)与《民法典》相关的法律、行政法规、司法解释、司法批复、司法文件、部门规章等。

目 录

民法典 第七编 侵权责任

实用问题

关联法规

实用工具

民法典

第七编　侵权责任

第一章　一般规定

第一千一百六十四条　【侵权责任编的调整范围】本编调整因侵害民事权益产生的民事关系。

第一千一百六十五条　【过错责任原则】行为人因过错侵害他人民事权益造成损害的,应当承担侵权责任。

依照法律规定推定行为人有过错,其不能证明自己没有过错的,应当承担侵权责任。

条文注解

过错责任,是指造成损害并不必然承担侵权责任,还要看行为人是否有过错。根据本条第1款的规定,只要同时满足以下条件,行为人就应承担侵权责任:一是行为人实施了某一行为。二是行为人行为时有过错。在过错责任原则中,过错既是确定行为人是否承担侵权责任的核心要件,也是人民法院审理侵权案件的主要考虑因素。行为人的行为造成损害并不必然承担侵权责任,必须要看其是否有过错,无过错即无责任。三是受害人的民事权益受到损害,即要求有损害后果,这一点是民法典侵权责任编与以往立法相比的重大变化。损害是指行为人的行为对受害人的民事权益造成的不利后果,通常表现为财产减少、生命丧失、身体残疾、名誉受损、精神痛苦等。需要强调的一点是,这里的"损害"是一个比较广的概念,不但包括现实的已经存在的"现实损害",还包括构成现实威胁的"不利后果"。四是行为人的行为与受害人的损害之间有因果关系。因果关系是侵权责任的重要构成要件,在行为与损害事实之间确定存在因果关系的,就有可能构成侵权责任，没有因果关系就必然地不构成侵权责任。

本条第2款明确规定了过错推定。过错推定包含在过错责任原则中，但与一般过错责任有较大的不同。对行为人而言，过错推定是一种较重的责任，不宜被滥用，需要由法律对适用范围作严格限定，否则就有可能限制人们的行动自由。根据法律规定推定行为人有过错，其不能证明自己没有过错的，才应当承担侵权责任。法律没有规定过错推定的，仍应由受害一方承担过错的证明责任。

第一千一百六十六条 【无过错责任原则】行为人造成他人民事权益损害，不论行为人有无过错，法律规定应当承担侵权责任的，依照其规定。

条文注解

无过错责任是指不以行为人的过错为要件，只要其活动或者所管理的人、物损害了他人的民事权益，除非有法定的免责事由，否则行为人就要承担侵权责任。在法律规定适用无过错责任原则的案件中，法官判断被告应否承担侵权责任时，不考虑被告有无过错，不要求原告证明被告有过错，也不允许被告主张自己无过错而请求免责。只要审理查明，被告的行为与原告损害之间存在因果关系，即可判决被告承担侵权责任。由于这种责任的承担，并不考虑行为人的主观意识状态，而只考虑损害结果和免责事由，故又被称为客观责任；与过错责任原则相比，这种责任在承担条件和责任后果上更为严格，故也称为严格责任。适用无过错责任原则的意义在于加重行为人责任，及时救济受害人，使其损害赔偿请求权更容易实现。

第一千一百六十七条　【危及他人人身、财产安全的责任承担方式】侵权行为危及他人人身、财产安全的，被侵权人有权请求侵权人承担停止侵害、排除妨碍、消除危险等侵权责任。

条文注解

理解本条规定的“危及”应注意三点：第一，侵权行为正在实施和持续而非已经结束。第二，侵权行为已经危及被侵权人的人身、财产安全而非不可能危及。第三，侵权行为系侵权人所为，而非自然原因造成。对正在危及他人的人身、财产安全的侵权行为发生的情况下，赋予被侵权人请求停止侵害、排除妨碍、消除危险等权利。关于停止侵害，是指当侵权人正在实施侵权行为时，被侵权人可依法请求其停止侵害。停止侵害适用于各种正在进行的侵权行为，对于已经终止和尚未实施的侵权行为不适用停止侵害的民事责任承担方式。关于排除妨碍，是指侵权行为人实施某种行为妨害他人正常行使权利或者妨害他人合法利益的，被侵权人请求人民法院排除侵权人的侵权行为。关于消除危险，是指在负有责任的人支配下的物对他人人身和财产安全构成威胁，或者存在侵害他人人身或者财产现实可能性的情况下，受到威胁的人有权请求法院责令对构成危险的责任人采取有效措施消除侵害他人人身或者财产的威胁和现实可能性的承担民事责任的方式。请求消除危险，又称请求防止侵害，是指侵害虽未发生，但其人身、财产面临遭受侵害的可能，对于这种可能发生的侵害，可能被侵权的人有权请求相对人为一定行为或者不为一定行为，防止侵害，消除既存的危险，以避免侵害的发生。

第一千一百六十八条　【共同侵权】二人以上共同实施侵权行为，造成他人损害的，应当承担连带责任。

条文注解

共同侵权，是指数人共同不法侵害他人权益造成损害的行为。根据本条规定，构成共同侵权行为需要满足以下几个要件：(1)主体复数。共同侵权行为的主体必须是两人或者两人以上，行为人既可以是自然人，也可以是法人。(2)共同实施侵权行为。这一要件中的“共同”主要包括三层含义：①共同故意。上文介绍了多种学说，无论哪一种学说，都一致认为，数个行为人基于共同故意侵害他人合法权益的，应当成立共同侵权行为。②共同过失。“共同过失”主要是数个行为人共同从事某种行为，基于共同的疏忽大意，造成他人损害。③故意行为与过失行为相结合。需要特别强调的是，上述三种形态均可以构成本条所说的“共同实施”，不能狭义理解为，本条所指的共同实施只有共同故意实施。(3)侵权行为与损害后果之间具有因果关系。在共同侵权行为中，有时各个侵权行为对造成损害后果的比例有所不同，但必须存在法律上的因果关系，如果某个行为人的行为与损害后果之间没有因果关系，则不应与其他行为人构成共同侵权。(4)受害人具有损害。这是受害人请求加害人承担侵权责任的一个基本要件。无损害，则无救济，如果没有损害，根本不可能成立侵权责任。

根据本条规定，一旦满足上述构成要件，成立共同侵权行为，数个行为人就必须对外承担连带责任，被侵权人有权请求部分或者全部行为人承担全部责任。

第一千一百六十九条　【教唆侵权、帮助侵权】教唆、帮助他人实施侵权行为的，应当与行为人承担连带责任。

教唆、帮助无民事行为能力人、限制民事行为能力人实施侵权行为的，应当承担侵权责任；该无民事行为能力人、限制民事行为能力人的监护人未尽到监护职责的，应当承担相应的责任。

条文注解

本条第1款中的“他人”指的是完全民事行为能力人。教唆、帮助完全民事行为能力人实施侵权行为需要满足以下构成要件：一是教唆人、帮助人实施了教唆、帮助行为。教唆行为，是指对他人进行开导、说服，或通过刺激、利诱、怂恿等方法使该他人从事侵权行为。教唆行为只能以积极的作为方式作出，消极的不作为不能成立教唆行为；教唆行为可以通过口头、书面或者其他形式加以表达，既可以公开进行也可以秘密进行；既可以当面教唆也可以通过别人传信的方式间接教唆。帮助行为，是指给予他人以帮助，如提供工具或者指导方法，以便该他人易于实施侵权行为。帮助行为通常是以积极的作为方式作出，但具有作为义务的人故意不作为时也可能构成帮助行为。帮助的内容既可以是物质上的，也可以是精神上的；既可以在行为人实施侵权行为前，也可以在实施过程中。二是教唆人、帮助人具有教唆、帮助的主观意图。一般来说，教唆行为与帮助行为都是教唆人、帮助人故意作出的，教唆人、帮助人能够意识到其作出的教唆、帮助行为可能造成的损害后果。在帮助侵权中，如果被帮助人不知道存在帮助行为，也并不影响帮助行为的成立。三是被教唆人、被帮助人实施了相应的侵权行为。这一要件要求教唆行为、帮助行为与被教唆人、被帮助人实施的侵权行为之间具有内在的联系。

本条第2款是针对被教唆、被帮助对象是无民事行为能力人或者限制民事行为能力人所作出的特别规定。一是教唆人、帮助人明知被教唆人、被帮助人为无民事行为能力人或者限制民事行为能力人时，仍然实施教唆、帮助行为的，应当承担侵权责任。即便教唆人、帮助人主观上不知道被教唆人、被帮助人是无民事行为能力人或者限制民事行为能力人的，为了体现法律对教唆、帮助行为的否定性评价，也应当适用本款规定，由教唆人、帮助人承担侵权责任。二是如果被教唆、被帮助的无民事行为能力人或者限制民事行为能力人的监护人未尽到监护责任的，应当承担相应的责任。监护，是为保护无民事行为能力人和限制民事行为能力人的人身和财产权利而由特定公民或组织对其予以监督、管理和保护的制度。如果监护人未尽到教育和照顾被监护人的职责，疏于履行监护责任，应当对被监护人给他人造成的损害承担侵权责任。

第一千一百七十条　【共同危险行为】二人以上实施危及他人人身、财产安全的行为，其中一人或者数人的行为造成他人损害，能够确定具体侵权人的，由侵权人承担责任；不能确定具体侵权人的，行为人承担连带责任。

条文注解

根据本条规定，构成共同危险行为应当满足下列几个要件：一是二人以上实施危及他人人身、财产安全的行为。二是其中一人或者数人的行为造成他人损害。虽然实施危及他人人身、财产行为的是数人，但真正导致受害人损害后果发生的只是其中一个人或者几个人的行为。三是不能确定具体加害人。一般而言，受害人只能请求加害人就其侵权行为所造成的损失予以赔偿，加害人也仅对其侵权行为所造成的损失进行赔偿。但在共同危险行为制度中，数个行为人实施的危及行为存在偶合性，事实上只有部分行为人的行为造成了损害后果。

根据本条规定，适用共同危险行为制度的法律后果是，数个行为人对受害人承担连带责任。共同危险行为不仅在一般过错责任中适用，在过错推定责任、无过错责任中也有适用余地。

第一千一百七十一条　【分别侵权承担连带责任】二人以上分别实施侵权行为造成同一损害，每个人的侵权行为都足以造成全部损害的，行为人承担连带责任。

条文注解

本条是关于无意思联络分别实施侵权行为，但是都能造成全部损害时，承担连带责任的规定。适用本条规定需要符合以下构成要件：一是二人以上分别实施侵权行为。二是造成同一损害后果。“同一损害”指数个侵权行为所造成的损害的性质是相同的，都是身体伤害或者财产损失，并且损害内容具有关联性。三是每个人的侵权行为都足以造成全部损害。判断每个侵权行为是否足以造成全部损害是适用本条的关键。本条中的“足以”并不是指每个侵权行为都实际上造成了全部损害，而是指在没有其他侵权行为的共同作用的情况下，独立的单个侵权行为也有可能造成全部损害。根据本条规定，一旦满足本条规定的上述三个构成要件，数个行为人必须对造成的损害承担连带责任。

第一千一百七十二条　【分别侵权承担按份责任】二人以上分别实施侵权行为造成同一损害，能够确定责任大小的，各自承担相应的责任；难以确定责任大小的，平均承担责任。

条文注解

适用本条规定应当符合下列构成要件：一是二人以上分别实施侵权行为。二是造成同一损害后果。在法律后果上，本条确定各个行为人应当承担的责任，分两个层次规定：一是能够确定责任大小的。虽然数个侵权行为结合造成了同一损害，但是在大部分案件中,可以根据各个侵权行为对造成损害后果的可能性(盖然性)来确定责任份额。判断这种可能性,可以综合各个行为人的过错程度、各个侵权行为与损害后果因果关系的紧密程度、公平原则以及政策考量等因素。有的学者将这种可能性称为“原因力”,是指在构成损害结果的共同原因中,每一个原因对于损害结果发生或扩大所发挥的作用力。法律不可能脱离具体案件,事先抽象出各种确定责任份额的标准,只能由法官在具体案件中综合考虑各种因素来确定。二是难以确定责任大小的。责任分配的尺度很难有一个可以量化的标准,在某些情形下,由于案情复杂,很难分清每个侵权行为对损害后果的作用力究竟有多大。我们可以借鉴其他国家和地区在确定各个连带责任人内部份额时的做法,在有疑问的情况下,推定所有人的责任相同。本条也作出了类似规定,难以确定责任大小的,各个行为人平均承担责任。

第一千一百七十三条　【过失相抵】被侵权人对同一损害的发生或者扩大有过错的,可以减轻侵权人的责任。

条文注解

关于本条的理解,一是侵权责任编对损害作了限定,必须是“同一”损害才能适用本条。对“同一”的理解,在一部法律中是一脉相承的,指对一个性质相同的损害结果的发生,侵权人与被侵权人均有责任。二是增加了损害的“扩大”。《侵权责任法》第26条“被侵权人对损害的发生”的表述中,发生是包含扩大的含义的,扩大是后续的损害,是新发生的损害,也是损害的一种形态。

关联法规

《水污染防治法》第96条,《电力法》第60条,《道路交通安全法》第76条

第一千一百七十四条　【受害人故意】损害是因受害人故意造成的,行为人不承担责任。

条文注解

受害人故意造成损害,是指受害人明知自己的行为会发生损害自己的后果,而希望或者放任此种结果的发生。受害人故意分为直接故意和间接故意。直接故意是指受害人从主观上追求损害自己的结果发生,如受害人摸高压线自杀;间接故意是指受害人已经预见到自己的行为可能发生损害自己的结果,但也不停止该行为,而是放任损害结果的发生,如受害人盗割高压线,导致自己伤亡。本条规定对行为人免责,是指损害完全是因为受害人的故意造成的,即受害人故意的行为是其损害发生的唯一原因。

关联法规

《水污染防治法》第96条,《电力法》第60条,《道路交通安全法》第76条,《铁路法》第58条

第一千一百七十五条　【第三人过错】损害是因第三人造成的,第三人应当承担侵权责任。

条文注解

本条在适用上应把握以下两点:(1)第三人过错是造成损害的唯一原因。在过错责任和过错推定责任范围内,被告能够证明损害完全是由于第三人的过错行为造成的,应免除被告的责任,由第三人对原告承担侵权责任。(2)第三人过错是造成损害的部分原因。

关联法规

《电力法》第60条

第一千一百七十六条　【自甘风险】自愿参加具有一定风险的文体活动,因其他参加者的行为受到损害的,受害人不得请求其他参加者承担侵权责任;但是,其他参加者对损害的发生有故意或者重大过失的除外。

活动组织者的责任适用本法第一千一百九十八条至第一千二百零一条的规定。

条文注解

自甘风险又称自愿承受危险,是指受害人自愿承担可能性的损害而将自己置于危险环境或场合,造成损害的行为人不承担责任。其构成要件是:第一,受害人作出了自愿承受危险的意思表示,通常是将自己置于可能性的危险状况之下;第二,这种潜在的危险不是法律、法规所禁止的,也不是社会公序良俗所反对的,且此种危险通常被社会所认可存在或者难以避免的。例如,参加拳击比赛而自愿承受可能受到的人身伤害的危险。

本条适用中应把握的几点问题:一是受害人必须意识到所参加的文体活动的风险。这种风险必然存在,但是否会产生损害结果不确定。二是在正常情况下，由其他参加者的行为受到损害的，其他参加者不承担侵权责任。三是活动组织者的责任承担，法律规定适用安全保障义务的规定。四是适用本条规定需要结合具体的案件，从案件的具体情况出发，审慎确定文体活动是否具有一定的风险性，是否属于自甘风险的情况，当事人双方、活动组织者是否有过错以及过错程度，要从各方面从严认定和把握。

第一千一百七十七条　【自助行为】合法权益受到侵害，情况紧迫且不能及时获得国家机关保护，不立即采取措施将使其合法权益受到难以弥补的损害的，受害人可以在保护自己合法权益的必要范围内采取扣留侵权人的财物等合理措施；但是，应当立即请求有关国家机关处理。

受害人采取的措施不当造成他人损害的，应当承担侵权责任。

条文注解

对本条的理解和适用：一是情况紧迫且不能及时获得国家机关保护，这是前提条件。二是不立即采取措施将使其合法权益受到难以弥补的损害的，这是必要条件。三是在保护自己合法权益的必要范围内采取扣留侵权人的财物等合理措施，这是范围条件。“保护自己合法权益”把自助行为的目的揭示出来，实施自助行为不能超越保护自己合法权益这个范围；“必要范围”“合理措施”，主要是自助行为扣留的财物应当与保护的利益在价值上大体相当。四是应当立即请求有关国家机关处理，这是合法条件。自助行为结束后，行为人必须及时寻求公权力机关救济。若行为人怠于寻求公权力机关救济，或被公权力机关驳回，或被公权力机关认定行为超出必要限度，则不排除其行为不法性，仍需依侵权行为承担相应后果。“立即请求”指自助行为完成后，“情况紧迫”的阻却事由消失，受害人应当立刻、无迟延地向有关国家机关报告自己实施了自力救济的事实，由公权力及时介入处理。只有这样，自力救济才具有正当性，成为民法上的免责事由。

本条第2款明确规定，受害人采取的措施不当造成他人损害的，就突破了自力救济的必要性，应当承担侵权责任。

第一千一百七十八条　【优先适用特别规定】本法和其他法律对不承担责任或者减轻责任的情形另有规定的，依照其规定。

条文注解

我国规范侵权责任的法律有两个层次：第一个层次是民法典侵权责任编，从基本法的角度对侵权责任作出三类规定：一是普遍适用的共同规则；二是典型的侵权种类的基本规则；三是其他单行法不可能涉及的一些特殊规则。第二个层次是相关法律，许多单行法都从自身调整范围的角度对侵权责任作出了规定。有关侵权责任的法律在宪法统率下相辅相成，共同规范侵权责任。

关联法规

《道路交通安全法》第76条

第二章　损害赔偿

第一千一百七十九条　【人身损害赔偿范围】侵害他人造成人身损害的，应当赔偿医疗费、护理费、交通费、营养费、住院伙食补助费等为治疗和康复支出的合理费用，以及因误工减少的收入。造成残疾的，还应当赔偿辅助器具费和残疾赔偿金；造成死亡的，还应当赔偿丧葬费和死亡赔偿金。

条文注解

人身损害赔偿是指行为人侵犯他人的生命健康权益造成致伤、致残、致死等后果,承担金钱赔偿责任的一种民事法律救济制度。

行为人的行为造成他人人身伤害但并未出现残疾或者死亡后果的,原则上行为人仅需赔偿本条规定的一般赔偿范围内的赔偿项目。医疗费包括挂号费、检查费、药费、治疗费、康复费等费用。在审判实践中,一般根据医疗机构出具的药费、治疗费等收费凭证,结合病历和诊断证明等相关证据确定医疗费的具体数额。护理费,是指受害人因受到损害导致生活不能自理,需要有人进行护理而产生的费用支出。赔偿护理费的前提是,受害人受到损害,生活不能自理或者不能完全自理,需要有人进行护理。这种情况应当有医疗单位或法医的证明:证明需要陪护的,予以赔偿;没有必要的,则不予赔偿。交通费,是指受害人及其必要的陪护人员因就医或者转院所实际发生的用于交通的费用。赔偿交通费应当根据实际支出确定,以正式交通费的票证收据为准,票证收据记载的时间、地点、人数要与实际救治的时间、地点、人数相一致。对不合理的支出,不应当赔偿,但确定的标准不宜过于严格。营养费,是指受害人通过平常饮食的摄入尚不能满足受损害身体的需求,以平常饮食以外的营养品作为对身体补充而支出的费用,是辅助治疗支出的费用。适当的营养支持能改善受害人的营养状况,有效地配合临床,缩短住院时间,促进尽快康复。住院伙食补助费是受害人遭受人身损害,在医院治疗期间支出的伙食费用。因误工减少的收入是指受害人由于受到伤害,无法从事正常工作或者劳动而失去或者减少的工作、劳动收入。受害人受到伤害但并未残疾或者死亡的,因误工减少的收入就是受害人从受到损害到恢复正常能参加工作、劳动时止这段时间内的损失。因误工减少的收入的基本计算方法是:单位时间的实际收入乘以误工时间。

造成残疾的,还应当赔偿残疾生活辅助具费和残疾赔偿金。辅助器具费，是指受害人因残疾而造成身体功能全部或者部分丧失后需要配制补偿功能的残疾辅助器具的费用。残疾生活辅助器具主要包括假肢及其零部件、假眼、助听器、盲人阅读器、助视器、矫形器等。残疾赔偿金是受害人残疾后特有的一个赔偿项目。

造成死亡的，除应当赔偿一般人身损害赔偿项目外，还应当赔偿丧葬费和死亡赔偿金。死亡赔偿金是对死者近亲属的赔偿。赔偿范围应包括物质损失和非物质损失。

关联法规

《产品质量法》第44条，《消费者权益保护法》第49条，《最高人民法院关于审理人身损害赔偿案件适用法律若干问题的解释》

第一千一百八十条 【以相同数额确定死亡赔偿金】因同一侵权行为造成多人死亡的，可以以相同数额确定死亡赔偿金。

条文注解

对本条的理解，需要注意以下几点：一是以相同数额确定死亡赔偿金并非确定死亡赔偿金的一般方式，若分别计算死亡赔偿金较为容易，可以不采用这种方式。二是根据本法的规定，以相同数额确定死亡赔偿金原则上仅适用于因同一侵权行为造成多人死亡的案件。三是本条特别强调，对因同一侵权行为造成多人死亡的，只是“可以”以相同数额确定死亡赔偿金，而不是任何因同一侵权行为造成多人死亡的案件都“必须”或者“应当”以相同数额确定死亡赔偿金。至于什么情况下可以，什么情况下不可以，法院可以根据具体案情，综合考虑各种因素后决定。在实践中，原告的态度也是一个重要的考虑因素，多数原告主动请求以相同数额确定死亡赔偿金的，当然可以；原告没有主动请求,但多数原告对法院所提以相同数额确定的死亡赔偿金方案没有异议的,也可以适用这种方式。四是以相同数额确定死亡赔偿金的,原则上不考虑受害人的年龄、收入状况等个人因素。

这里还需要强调一点,本条只是规定,因同一侵权行为造成多人死亡的,可以对"死亡赔偿金"以相同数额确定,对死者在死亡前产生的医疗费、护理费等合理费用支出,以及丧葬费支出,宜根据实际支出情况单独计算,损失多少,赔偿多少。

关联法规

《最高人民法院关于审理人身损害赔偿案件适用法律若干问题的解释》第17条

第一千一百八十一条　【被侵权人死亡时请求权主体的确定】被侵权人死亡的,其近亲属有权请求侵权人承担侵权责任。被侵权人为组织,该组织分立、合并的,承继权利的组织有权请求侵权人承担侵权责任。

被侵权人死亡的,支付被侵权人医疗费、丧葬费等合理费用的人有权请求侵权人赔偿费用,但是侵权人已经支付该费用的除外。

条文注解

根据本条第1款的规定,被侵权人死亡的,其近亲属有权请求侵权人承担侵权责任。近亲属的范围在本法第1045条作了明确规定,包括配偶、父母、子女、兄弟姐妹、祖父母、外祖父母、孙子女、外孙子女。

根据本条第2款的规定,被侵权人死亡的,支付被侵权人医疗费、丧葬费等合理费用的人有权请求侵权人赔偿费用,但是,侵权人已经支付该费用的除外。在司法实践中,支付被侵权人死亡前的医疗费等合理费用的,不一定是被侵权人本人,而有可能是其亲属、朋友或者其他人;对于丧葬费,由于受害人已经死亡,只能是其亲属、朋友或者其他人支付。若支付这些费用的是被侵权人的近亲属,这些近亲属当然可以依据本条第 1 款的规定请求侵权人赔偿这些费用,若支付这些费用的并非其近亲属,而是其朋友、其他人或者某一组织的,实际支付费用的主体也可以作为独立的请求权人请求侵权人赔偿这些费用,但若侵权人已将这些费用赔偿给被侵权人近亲属的,实际支付这些费用的主体就不能再向侵权人请求赔偿,而只能要求获得赔偿的近亲属返还这些费用。赋予实际支付医疗费、丧葬费等费用的主体独立请求权,有利于弘扬帮扶帮衬的社会美德,保护善良的社会风俗,也可以防止侵权人获得不当利益。

第一千一百八十二条　【侵害人身权益造成财产损失的赔偿数额的确定】侵害他人人身权益造成财产损失的,按照被侵权人因此受到的损失或者侵权人因此获得的利益赔偿;被侵权人因此受到的损失以及侵权人因此获得的利益难以确定,被侵权人和侵权人就赔偿数额协商不一致,向人民法院提起诉讼的,由人民法院根据实际情况确定赔偿数额。

条文注解

根据侵害行为及侵害人身权益内容的不同,侵害他人的人身权益造成财产损失的赔偿范围也不尽相同,主要包括:(1)侵害他人生命、健康、身体等权益造成的财产损失的赔偿范围,一般包括积极的财产损失和可得利益的损失。(2)侵害他人名誉权、荣誉权、姓名权、肖像权和隐私权等人身权益造成的财产损失。一些侵害人身权益的行为,被侵权人的财产损失难以确定,尤其是在被侵权人的名誉受损、知识产权被侵害等情况下，很难确定财产损失。在侵害他人人身权益的情况下，可将侵权人的获利情况作为司法实践中确定赔偿数额的重要因素考虑。由人民法院根据实际情况确定赔偿数额。该规定主要针对损人不利己等获利难以计算的情况。这项规定表达了三层含义：一是在侵权人损人没有获利或者获利难以计算的情况下，当事人可以就赔偿数额进行协商；二是赋予被侵权人获得赔偿的请求权，侵权人不能因为没有获利或者获利难以计算就不负赔偿责任；三是如何确定赔偿数额由法院根据侵权人的过错程度、具体侵权行为和方式、造成的后果和影响等确定。

第一千一百八十三条　【精神损害赔偿】侵害自然人人身权益造成严重精神损害的，被侵权人有权请求精神损害赔偿。

因故意或者重大过失侵害自然人具有人身意义的特定物造成严重精神损害的，被侵权人有权请求精神损害赔偿。

条文注解

根据本条第1款的规定，侵害自然人人身权益造成严重精神损害的，被侵权人有权请求精神损害赔偿。第一，精神损害赔偿的范围是人身权益，侵害财产权益不在精神损害赔偿的范围之内。第二，需要造成严重精神损害。并非只要侵害他人人身权益，被侵权人就可以获得精神损害赔偿，偶尔的痛苦和不高兴不能认为是严重精神损害。之所以强调“严重”的精神损害，是为了防止精神损害赔偿被滥用。对“严重”的解释，应当采取容忍限度理论，即超出了社会一般人的容忍限度，就认为是“严重”。第三，被侵权人有权请求精神损害赔偿。一般来说，请求精神损害赔偿的主体应当是直接遭受人身权侵害的本人。

本条第2款规定了侵害行为的主观要件，即故意或者重大过失。

“具有人身意义的特定物”的范围，在实践中主要涉及的物品类型为：(1)与近亲属死者相关的特定纪念物品，如遗像、墓碑、骨灰盒、遗物等；(2)与结婚礼仪相关的特定纪念物品，如录像、照片等；(3)与家族祖先相关的特定纪念物品，如祖坟、族谱、祠堂等。这些物品对被侵权人具有人身意义。

精神损害本身无法用金钱数额进行衡量，但是精神损害赔偿的数额应该与精神损害的严重程度相一致。侵权人的过错程度、侵害手段、场合、行为方式、侵权行为所造成的后果，是衡量被侵权人精神损害程度的重要因素。越是故意甚至恶意的主观状态、在更为公开的场合、以更为恶劣的加害手段侵害被侵权人，对被侵权人造成越发严重的后果，则被侵权人所受精神损害的程度就越深，侵权人应承担的赔偿数额也就越高。同时应当承认，侵权人的获利情况、侵权人承担责任的经济能力与司法政策、法官结合具体案件自由裁量密不可分，因此精神损害赔偿的数额，宜在具体案件中，结合个案情况灵活处理。随着社会经济的发展变化，精神损害赔偿的数额也会随之发生变化。

关联法规

《最高人民法院关于确定民事侵权精神损害赔偿责任若干问题的解释》第1、2条

第一千一百八十四条　【财产损失计算方式】侵害他人财产的，财产损失按照损失发生时的市场价格或者其他合理方式计算。

条文注解

财产权益是民事权益中的重要组成部分，包括物权、知识产权、股

权和其他投资性权利、网络虚拟财产等具有财产性质的权益。因侵权行为导致财产损失的，一般按照财产损失发生时的市场价格计算。也就是以财产损失发生的那个时间，该财产在市场上的价格为计算标准，完全毁损、灭失的，要按照该物在市场上所对应的标准全价计算；如果该物已经使用多年的，其全价应当是市场相应的折旧价格。

第一千一百八十五条　【侵害知识产权的惩罚性赔偿】故意侵害他人知识产权，情节严重的，被侵权人有权请求相应的惩罚性赔偿。

条文注解

惩罚性赔偿也称惩戒性赔偿，是侵权人给付给被侵权人超过其实际受损害数额的一种金钱赔偿。作为一种集补偿、制裁、遏制等功能于一身的制度，在一些国家和地区得到了广泛运用。目前，我国知识产权法律主要是《著作权法》、《专利法》和《商标法》。此外，国务院颁布的《中华人民共和国商标法实施条例》、《集成电路布图设计保护条例》和《中华人民共和国植物新品种保护条例》分别对地理标志、集成电路布图和植物新品种作出了规定和保护。

关联法规

《消费者权益保护法》第 55 条，《食品安全法》第 148 条，《商标法》第 63 条

第一千一百八十六条　【公平责任原则】受害人和行为人对损害的发生都没有过错的，依照法律的规定由双方分担损失。

条文注解

公平分担损失的规定是侵权责任编根据实际情况作出的特别规定，与过错责任原则和无过错责任原则均有不同。与过错责任的区别主要有：(1)过错责任原则以行为人的过错作为承担责任的前提，而公平分担行为人并没有过错。(2)承担过错责任以填补受害人全部损失为原则，公平分担只是根据实际情况适当给受害人以补偿。与无过错责任的区别主要有：(1)无过错责任无论行为人是否有过错，其适用以法律的特殊规定为根据。也就是说，承担无过错责任，行为人可能有过错，也可能无过错。而公平分担，行为人没有过错，也不属于法律规定的适用无过错责任的情形。(2)无过错责任适用于法律明确规定的几种情形。而公平分担只是原则规定适用条件，没有具体界定所适用的案件类型。(3)承担无过错责任，有的是填补受害人的全部损失，有的法律规定了最高责任限额。公平分担只是分担损失的一部分，没有最高额限制。

公平分担适用于行为人和受害人对损害的发生均无过错的情况。如果损害由受害人的过错造成，应当由其自己负责；如果由行为人或者第三人的过错造成，应当由行为人或者第三人负责；如果行为人和受害人对损害的发生都有过错，应当根据他们的过错程度和原因分配责任。也就是说，只要有过错责任人，都不适用本条规定。

第一千一百八十七条　【赔偿费用支付方式】损害发生后，当事人可以协商赔偿费用的支付方式。协商不一致的，赔偿费用应当一次性支付；一次性支付确有困难的，可以分期支付，但是被侵权人有权请求提供相应的担保。

条文注解

侵权责任制度的一项重要功能就是填补受害人的损失。损失既包括实际损失,如侵害他人造成人身损害,因此产生的医疗费、护理费、交通费、营养费等为治疗和康复支出的合理费用,也包括预期利益的损失。本条对赔偿费用的支付方式作了规定:(1)由当事人协商确定赔偿费用的支付方式。当事人对赔偿费用支付方式的协商可以包括:是一次性支付还是分期支付;如果是分期支付,分几期,每次付多少,要不要考虑物价变化因素;要不要支付利息,利息如何计算等。当事人可以根据赔偿数额的多少,受害人对赔偿费用的需求程度,侵权人的支付能力等实际情况对赔偿费用的支付进行协商。(2)协商不一致的一次性支付。侵权行为发生后,受害人的损失应当得到全面和及时的弥补,因此,如果当事人就赔偿费用的支付方式协商后,受害人不同意分期支付,侵权人就应当一次性支付全部赔偿费用。一次性支付,可以彻底了结纠纷,避免了受害人对侵权人未来能否按照约定支付的担心。(3)一次性支付确有困难的,可以分期支付,但是被侵权人有权请求提供相应的担保。分期支付应当具备以下两个条件:一是一次性支付确有困难。确有困难应当由侵权人举证证明,由人民法院作出判断。二是被侵权人有权请求提供相应的担保。该担保是应被侵权人请求提供的,既可以是保证人提供的保证,也可以是侵权人以自己的财产抵押、质押。

关联法规

《医疗事故处理条例》第52条,《最高人民法院关于审理人身损害赔偿案件适用法律若干问题的解释》第20、21条

第三章　责任主体的特殊规定

第一千一百八十八条　【监护人责任】无民事行为能力人、限制民事行为能力人造成他人损害的，由监护人承担侵权责任。监护人尽到监护职责的，可以减轻其侵权责任。

有财产的无民事行为能力人、限制民事行为能力人造成他人损害的，从本人财产中支付赔偿费用；不足部分，由监护人赔偿。

条文注解

本条第1款规定，无民事行为能力人和限制民事行为能力人造成他人损害的，由监护人承担民事责任，是由监护人的职责所决定的。由于大多数监护人与被监护人有血缘等密切关系，监护人有责任通过教育、管理等方式来减少或者避免被监护人侵权行为的发生。无民事行为能力或者限制民事行为能力人造成他人损害的，应当由监护人承担侵权责任。

依照本条第2款的规定，在具体承担赔偿责任时，如果被监护人有财产的，如未成年人接受了亲友赠与的财产或者拥有其他价值较大的财产等，那么应当首先从被监护人的财产中支付赔偿费用，不足的部分再由监护人承担赔偿责任。

第一千一百八十九条　【委托监护责任】无民事行为能力人、限制民事行为能力人造成他人损害，监护人将监护职责委托给他人的，监护人应当承担侵权责任；受托人有过错的，承担相应的责任。

条文注解

委托监护，是指监护人委托他人代行监护的职责，是一种双方的民事法律行为，是被监护人的监护人与受托人之间关于受托人为委托人履行监护职责、处理监护事务的协议，须有监护人委托与受委托人接受委托的意思表示一致才能成立。委托监护不同于意定监护。意定监护是在监护领域对自愿原则的贯彻落实，是具有完全民事行为能力的成年人对自己将来的监护事务，按照自己的意愿事先所作的安排。两者主要有以下不同点：第一，委托监护是监护人与非监护人之间确定非监护人代行监护职责的一项制度，而意定监护是在法定监护人之间确定监护人的一项制度。第二，委托监护中，尽管委托人可以将监护职责全部委托给受托人，但即使在此情况下，受托人也不是监护人。也就是说，监护人不能依照委托监护的协议将监护人的资格转让给他人，他人也不能通过委托监护的协议来取得监护资格。因此，在委托监护中即使监护职责全部由受托人行使，监护人的监护资格也不丧失。在意定监护中，依当事人之间的协议所确定的监护人对被监护人负监护人责任，其就是被监护人的监护人。第三，委托监护适用于无民事行为能力、限制民事行为能力的未成年人或者成年人。意定监护只适用于具有完全民事行为能力的成年人。

根据本条规定，无民事行为能力人、限制民事行为能力人造成他人损害，监护人将监护职责委托给他人的，监护人应当承担侵权责任。这意味着，实行监护人责任首负原则。除了监护人外，如果受托人有过错的，也要承担相应的责任。具体承担责任的范围，由司法机关结合具体案件情况依法裁量。

第一千一百九十条 【丧失意识侵权责任】完全民事行为能力人对自己的行为暂时没有意识或者失去控制造成他人损害有过错的，应当承担侵权责任；没有过错的，根据行为人的经济状况对受害人适当补偿。

完全民事行为能力人因醉酒、滥用麻醉药品或者精神药品对自己的行为暂时没有意识或者失去控制造成他人损害的，应当承担侵权责任。

条文注解

考虑到导致完全民事行为能力人丧失意识的情况比较复杂，本条第1款根据不同的情形，规定了完全民事行为能力人的责任。(1)完全民事行为能力人对于自己丧失意识存在过错。如果是因为自己的过错，丧失了意识后造成了他人的损害，那么行为人应当根据其过错承担赔偿责任。(2)完全民事行为能力人对于自己的行为暂时没有意识或者失去控制没有过错。如果行为人暂时没有意识或者失去控制不是由于自己的过错造成，而是由于其他原因导致的，在这种情况下，行为人可以不承担侵权责任，不过需要根据公平分担的规定，适当分担被侵权人的损失。需要说明的是，这里对受害人是“补偿”而不是“赔偿”。

本条第2款规定“醉酒、滥用麻醉药品或者精神药品对自己的行为暂时没有意识或者失去控制造成他人损害”，其实也属于第1款“有过错”的一种情形。为了强调醉酒、滥用麻醉药品或者精神药品的行为和一般的过错相比，具有违法性，且危害性较大，本条第2款对醉酒、滥用麻醉药品或者精神药品导致自己暂时没有意识或者失去控制造成他人损害的责任专门作出了规定。完全民事行为能力人因醉酒、滥用麻醉药品或者精神药品导致自己暂时没有意识或者失去控制造成他人损害的。根据我国刑法的规定，醉酒的人应当承担刑事责任。治安管理处罚法规定，醉酒的人违反治安管理的，应当给予处罚。醉酒的人在醉酒状态中，对本人有危险或者对他人的人身、财产或者公共安全有威胁的，应当对其采取保护性措施约束至酒醒。

第一千一百九十一条 【用人单位责任和劳务派遣单位、劳务用工单位责任】用人单位的工作人员因执行工作任务造成他人损害的，由用人单位承担侵权责任。用人单位承担侵权责任后，可以向有故意或者重大过失的工作人员追偿。

劳务派遣期间，被派遣的工作人员因执行工作任务造成他人损害的，由接受劳务派遣的用工单位承担侵权责任；劳务派遣单位有过错的，承担相应的责任。

条文注解

对本条第1款的理解，我国对用人单位采取的是无过错责任，只要工作人员实施侵权行为造成他人的损害，用人单位就要首先承担赔偿责任。用人单位不能通过证明自己在选任或者监督方面尽到了相应的义务来免除自己的责任。当然，用人单位承担侵权责任后，可以向有故意或者重大过失的工作人员追偿。本条中的“用人单位”，包括企业、事业单位、国家机关、社会团体等，也包括个体经济组织等。“工作人员”既包括用人单位的正式员工，也应当包括临时在单位工作的员工。用人单位承担侵权责任的前提是工作人员的行为与“执行工作任务”有关。工作人员应当按照用人单位的授权或者指示进行工作。与工作无关的行为，即使发生在工作时间内，用人单位也不承担侵权责任，该责任由工作人员自己承担。需要指出的是，国家机关及其工作人员因工作造成他人损害的，一类属于履行公职权的行为；另一类不属于履行公职权的行为，是国家机关为了维持其正常运转所进行的民事行为。对于第一类属于履行公职权的行为，依据国家赔偿法的规定，有的需要国家机关承担国家赔偿责任。对于第二类国家机关在民事活动中侵害他人合法权益的，国家机关需要承担民事侵权责任。

对本条第2款的理解，劳务派遣是指劳动派遣机构与员工签订劳务派遣合同后，将工作人员派遣到用工单位工作。劳务派遣的主要特点就是员工的雇用和使用分离。劳动派遣机构不是职业介绍机构,是与劳动者签订劳动合同的一方当事人。派遣的员工到用工单位工作,但不与用工单位签订劳动合同,产生劳动关系。劳务派遣的用人形式不同于一般的用人单位,劳务派遣单位虽然与被派遣的员工签订了劳动合同,但不对被派遣员工进行使用和具体的管理。在劳务派遣期间,被派遣的工作人员是为接受劳务派遣的用工单位工作,接受用工单位的指示和管理,同时由用工单位为被派遣的工作人员提供相应的劳动条件和劳动保护,所以,被派遣的工作人员因工作造成他人损害的,其责任应当由用工单位承担。劳务派遣单位在派遣工作人员方面存在过错的,应当承担相应的责任。

关联法规

《劳动合同法》第58、59条

第一千一百九十二条　【个人劳务关系中的侵权责任】个人之间形成劳务关系,提供劳务一方因劳务造成他人损害的,由接受劳务一方承担侵权责任。接受劳务一方承担侵权责任后,可以向有故意或者重大过失的提供劳务一方追偿。提供劳务一方因劳务受到损害的,根据双方各自的过错承担相应的责任。

提供劳务期间,因第三人的行为造成提供劳务一方损害的,提供劳务一方有权请求第三人承担侵权责任,也有权请求接受劳务一方给予补偿。接受劳务一方补偿后,可以向第三人追偿。

条文注解

劳务关系,是指提供劳务一方为接受劳务一方提供劳务服务,由接受劳务一方按照约定支付报酬而建立的一种民事权利义务关系。

对本条第1款的理解,由于本条中“个人之间形成劳务关系”,不属于依法应当参加工伤保险统筹的情形,提供劳务一方受到损害后,不能适用《工伤保险条例》。个人之间的劳务关系的损害，跟雇主情形下损害不一样，个人之间的劳务，提供劳动一方有较大的自主权，不像雇主对雇员的控制力那么强。造成损害的，接受劳务一方承担无过错责任太重。所以提供劳务一方因劳务受到损害的，不宜采取无过错责任的原则，要求接受劳务一方无条件地承担赔偿责任。实践中因劳务受到损害的情况比较复杂，应当区分情况，根据双方的过错来处理比较合理。

对本条第2款的理解，损害是因第三人造成的，第三人应当承担侵权责任。在个人之间形成的劳务关系中，因第三人的行为造成提供劳务一方损害的，第三人应当承担侵权责任。提供劳务一方是在为接受劳务一方工作过程中受伤的，个人之间形成劳务关系一般不购买相应的工伤保险，这与本法第1191条规定的用人单位责任有较大不同。因此，要求接受劳务一方承担不真正连带责任，责任分配过重。故第2款规定接受劳务一方补偿后，可以向第三人追偿。

关联法规

《最高人民法院关于审理人身损害赔偿案件适用法律若干问题的解释》第4、5条

第一千一百九十三条　【承揽关系中的侵权责任】承揽人在完成工作过程中造成第三人损害或者自己损害的，定作人不承担侵权责任。但是，定作人对定作、指示或者选任有过错的，应当承担相应的责任。

条文注解

本法规定的承揽合同是承揽人按照定作人的要求完成工作，交付工作成果，定作人给付报酬的合同。承揽包括加工、定作、修理、复制、测试、检验等工作。在履行承揽合同的过程中，承揽人对第三人造成

损害或者自身遭受损害的侵权责任如何承担，我国法律没有规定。考虑到在大多数情况下，承揽人主要依靠自己的技术和专业技能独立完成承揽工作，不受定作人的支配，承揽人对第三人造成损害或者造成自身损害时，不应要求定作人承担侵权责任。但是，定作人对定作、指示或者选任存在过错的，需要承担相应的过错责任，这是定作人的指示过失责任。需要指出的是，本法第1192条个人之间形成劳务关系，个人之间因提供劳务造成他人损害和自己损害的责任的规定，不适用本条因承揽关系产生的纠纷。

第一千一百九十四条　【网络侵权责任】网络用户、网络服务提供者利用网络侵害他人民事权益的，应当承担侵权责任。法律另有规定的，依照其规定。

条文注解

网络用户利用网络侵害他人民事权益，大体可以分为以下几种类型：一是侵害人格权。主要表现为：(1)盗用或者假冒他人姓名，侵害姓名权；(2)未经许可使用他人肖像，侵害肖像权；(3)发表攻击、诽谤他人的文章，侵害名誉权；(4)非法侵入他人电脑、非法截取他人传输的信息、擅自披露他人个人信息、大量发送垃圾邮件，侵害隐私权和个人信息受保护的权利。二是侵害财产利益。基于网络活动的便捷性，通过网络侵害财产利益的情形较为常见，如窃取他人网络银行账户中的资金，最典型的是侵害网络虚拟财产，如窃取他人网络游戏装备、虚拟货币等。三是侵害知识产权。主要表现为侵犯他人著作权、商标权和专利权等知识产权：(1)侵犯著作权，如擅自将他人作品进行数字化传输，规避技术措施，侵犯数据库等。(2)侵犯商标权，如恶意抢注与他人商标相同或相类似的域名，在电商平台上销售假冒他人商标或者使用足以使消费者混淆的商标的商品等。(3)侵犯专利权，如未经专利人授权，在网站上销售专利产品。

网络服务提供者利用网络侵害他人民事权益，网络服务提供者是一个概括性表述，既包括提供接入、缓存、信息存储空间、搜索以及链接等服务类型的技术服务提供者，也包括主动向网络用户提供内容的内容服务提供者，还包括在电子商务中为交易双方或者多方提供网络经营场所、交易撮合、信息发布等服务，供交易双方或者多方独立开展交易活动的电子商务平台经营者。不同类型的网络服务提供者通过网络实施侵权行为的表现也不一样。根据“技术中立”原则，技术服务提供者一般无须对他人通过网络侵犯他人民事权益的行为承担责任，如中国移动、中国电信、中国联通等电信服务运营商无须对经由其网络传输的信息承担责任，百度等搜索引擎提供者无须对搜索结果负责，但若其行为高度介入传输行为、编排搜索结果等，则需对其行为承担责任，电子商务平台经营者一般无须对其平台出现的侵权行为承担责任。此外，破坏他人技术保护措施、利用技术手段攻击他人网络、窃取他人个人信息的，也要承担侵权责任。内容服务提供者应当对所上传内容的真实性与合法性负责，如果提供了侵权信息，如捏造虚假事实诽谤他人、发布侵犯著作权的影视作品等，应当承担侵权责任。

关联法规

《信息网络传播权保护条例》第13~17、20~24条，《最高人民法院关于审理侵害信息网络传播权民事纠纷案件适用法律若干问题的规定》第1~10条

第一千一百九十五条　【网络服务提供者侵权补救措施与责任承担】网络用户利用网络服务实施侵权行为的，权利人有权通知网络服务提供者采取删除、屏蔽、断开链接等必要措施。通知应当包括构成侵权的初步证据及权利人的真实身份信息。

网络服务提供者接到通知后，应当及时将该通知转送相关网络用户，并根据构成侵权的初步证据和服务类型采取必要措施；未及时采取必要措施的，对损害的扩大部分与该网络用户承担连带责任。

权利人因错误通知造成网络用户或者网络服务提供者损害的，应当承担侵权责任。法律另有规定的，依照其规定。

条文注解

根据本条第1款规定，通知应当包括构成侵权的初步证据及权利人的真实身份信息。一般而言，一份合格的权利通知应当包括两方面内容：首先是权利人的真实身份信息，包括但不限于权利人的姓名、名称、住址、联系方式、电话、电子邮箱等，没有真实身份信息和有效联系方式，网络服务提供者无法与其取得联系，也无法发送网络用户声明不存在侵权行为的通知。其次是构成侵权的初步证据，通知是权利人主张权利的重要依据，应当附有证明其权利的证据或者相关信息涉嫌侵权的初步证据。另外，通知中一般还应当附有涉嫌侵权信息的网址链接或其他可以定位侵权商品或信息的有效方法等。

根据本条第2款规定，权利人一旦发出合格通知，就触发了网络服务提供者的义务。网络服务提供者接到通知后，应当及时将该通知转送相关网络用户，并根据构成侵权的初步证据和服务类型采取必要措施。具体包括：及时将该通知转送相关网络用户；根据构成侵权的初步证据和服务类型采取必要措施。理解这一规定，需要注意以下两个方面：一是网络服务提供者承担本条项下责任的归责原则。网络服务提供者审查权利通知后依法采取了必要措施，既豁免了对网络用户的违约责任，也豁免了对权利人可能承担的帮助侵权责任；网络服务提供者依然承担过错责任，或者因应当采取必要措施而没有采取，或者因采取的必要措施不当，按照共同侵权制度，其因网络用户的侵权行为而对权利人承担帮助侵权责任。二是如何认定"及时"。根据《最高人民法院关于审理利用信息网络侵害人身权益民事纠纷案件适用法律若干问题的规定》第4条规定，应当根据网络服务的类型和性质、有效通知的形式和准确程度、网络信息侵害权益的类型和程度等因素综合判断。

根据本条第3款，在《侵权责任法》第36条基础上，特别增加这一规定，警示权利人不得滥用程序，促使权利人维权更为理性，因错误通知造成网络用户、网络服务提供者损失的，权利人应当承担侵权责任。增加"法律另有规定的，依照其规定"这一衔接性表述，主要是考虑到本条为一般规定，根据被侵害的权利类型的不同，其他法律可能作出细化或者特别规定。

关联法规

《电子商务法》第42、43条，《信息网络传播权保护条例》第14条，《最高人民法院关于审理利用信息网络侵害人身权益民事纠纷若干问题的规定》第4、5条

第一千一百九十六条　【不侵权声明】网络用户接到转送的通知后，可以向网络服务提供者提交不存在侵权行为的声明。声明应当包括不存在侵权行为的初步证据及网络用户的真实身份信息。

网络服务提供者接到声明后，应当将该声明转送发出通知的权利人，并告知其可以向有关部门投诉或者向人民法院提起诉讼。网络服务提供者在转送声明到达权利人后的合理期限内，未收到权利人已经投诉或者提起诉讼通知的，应当及时终止所采取的措施。

条文注解

根据本条第1款规定，网络用户提交的声明应当包括不存在侵权行为的初步证据及网络用户的真实身份信息。(1)不存在侵权行为的

初步证据，如著作权、专利权、商标权等，涉嫌侵权的网络用户可以提供文章底稿、著作权登记证书、专利证书、商标权证书、原产地证明、授权法律文书等，证明其具有相应的权利。(2)网络用户的真实身份信息。不少网络用户对外表现为昵称、笔名，而非其真实身份，实践中，这使得很多权利人在起诉时，无法准确确定被告，维权十分困难。网络不是法外之地，每个人都需要对自己的行为负责，在网络上也是一样。在权利人表明自己真实身份，指称其涉嫌侵权时，网络用户也有义务表明其真实身份，这也是当然之义。

本条第2款规定网络服务提供者的义务：(1)转送义务。纠纷主要发生在权利人与网络用户之间，网络服务提供者接到反通知后，立即产生转送义务，应当及时将反通知转送发出通知的权利人，让权利人及时知道网络用户提出了抗辩；同时履行告知义务，让权利人知晓应当及时向有关部门投诉或者向法院起诉，以解决纠纷。(2)及时终止所采取的措施。网络用户的声明到达权利人后，权利人应当作出适当反应，既可以表示认可，也可以表示反对；既可以明示，也可以默示。如果在合理期限内，权利人通知网络服务提供者，其已经向有关部门投诉或者向法院起诉，表明权利人以明示方式对反通知的内容表示反对，网络服务提供者应当继续维持此前采取的必要措施，直至有关部门或者法院有进一步指令；如果权利人在合理期限内没有投诉或者起诉，表明权利人默示认可反通知，网络服务提供者应当及时终止所采取的措施，恢复相关信息。这样规定，既是为了促使权利人尽快行使权利，避免相关权利纠纷长期处于不确定状态，也是为了尽量减少因错误通知给网络用户和网络服务提供者增加的负担。

第一千一百九十七条　【网络服务提供者的连带责任】网络服务提供者知道或者应当知道网络用户利用其网络服务侵害他人民事权益，未采取必要措施的，与该网络用户承担连带责任。

条文注解

根据本条规定,网络服务提供者与网络用户承担连带责任的主观构成要件为“知道或者应当知道”,采用的是过错责任。“知道”即为“明知”。明知是一种主观状态,表明行为人的内心对侵权行为这一事实的发生具有明确而充分的认识,甚至放任或者积极追求损害后果的发生。一般有两种途径:一是行为人自认。行为人明确表示其主观状态为“明知”,当然可以认定,只是这种情形实践中较少出现。二是通过程序网络服务提供者侵权补救措施与责任承担制度来证明。

关联法规

《最高人民法院关于审理侵害信息网络传播权民事纠纷案件适用法律若干问题的规定》第6条

第一千一百九十八条　【安全保障义务人责任】宾馆、商场、银行、车站、机场、体育场馆、娱乐场所等经营场所、公共场所的经营者、管理者或者群众性活动的组织者,未尽到安全保障义务,造成他人损害的,应当承担侵权责任。

因第三人的行为造成他人损害的,由第三人承担侵权责任;经营者、管理者或者组织者未尽到安全保障义务的,承担相应的补充责任。经营者、管理者或者组织者承担补充责任后,可以向第三人追偿。

条文注解

对本条第1款的理解,本法明确安全保障义务人为下列两类人:(1)宾馆、商场、银行、车站、机场、体育场馆、娱乐场所等经营场所、公共场所的经营者、管理者。公共场所包括以公众为对象进行商业性经营的场所,也包括对公众提供服务的场所。(2)群众性活动的组织者。

群众性活动，是指法人或者其他组织面向社会公众举办的参加人数较多的活动，如体育比赛活动，演唱会、音乐会等文艺演出活动，展览、展销等活动，游园、灯会、庙会、花会、焰火晚会等活动，人才招聘会、现场开奖的彩票销售等活动。本法对安全保障义务的保护对象规定为“他人”，没有明确具体的范围，实践中哪些人属于保护对象应根据具体情况判断。安全保障义务的目的在于保护他人的人身和财产安全，其主要内容是作为，即要求义务人必须采取一定的行为来维护他人的人身或者财产免受侵害。根据安全保障义务的内容不同，可以将安全保障义务分为以下两类：(1)防止他人遭受义务人侵害的安全保障义务。(2)防止他人遭受第三人侵害的安全保障义务。

本条第2款规定，第三人的行为是造成损害的直接原因，应当首先由第三人承担侵权责任。理解这一规定，应当注意以下两点：(1)第三人的侵权责任和安全保障义务人的补充责任有先后顺序。先由第三人承担侵权责任，在无法找到第三人或者第三人没有能力全部承担赔偿责任时，才由安全保障义务人承担补充责任。如果第三人已经全部承担侵权责任，则安全保障义务人不再承担责任。(2)侵权责任法未规定经营者、管理者或者组织者承担补充责任后，第三人因为距离损害更近，属于终局责任人，安全保障义务人可以向其追偿。

第一千一百九十九条　【教育机构的过错推定责任】无民事行为能力人在幼儿园、学校或者其他教育机构学习、生活期间受到人身损害的，幼儿园、学校或者其他教育机构应当承担侵权责任；但是，能够证明尽到教育、管理职责的，不承担侵权责任。

条文注解

本条采用过错推定原则，主要考虑的是：无民事行为能力人智力发育还很不成熟，对事物的认知和判断存在较大不足，不能辨认或者不能充分理解自己行为的后果，必须加以特别保护，这就要求学校更多地履行保护孩子身心健康的义务。无民事行为能力人在幼儿园、学校或者其他教育机构学习、生活期间，超越了监护人的控制范围，如果受到人身损害，基本无法对事故发生的情形准确地加以描述，此时要让无民事行为能力人或者其监护人来证明学校的过错，几乎是不可能的。采用过错推定原则，学校也能举证反驳，可以通过证明已经尽到了相当的注意并且实施了合理的行为，以达到免责的目的。同时，学校等教育机构更有可能通过保险等方式来向社会转移风险。由幼儿园、学校和其他教育机构承担侵权责任的侵权行为的范围，应当限于发生在幼儿园、学校和其他教育机构的教育、教学活动中或者其负有管理责任的校舍、场地、其他教学或生活设施中的侵权行为。

第一千二百条　【教育机构的过错责任】限制民事行为能力人在学校或者其他教育机构学习、生活期间受到人身损害，学校或者其他教育机构未尽到教育、管理职责的，应当承担侵权责任。

条文注解

本条采用了过错责任原则，主要是考虑：与无民事行为能力人相比，限制民事行为能力人的心智已渐趋成熟，对事物已有一定的认知和判断能力，能够在一定程度上理解自己行为的后果，对一些容易遭受人身损害的行为也有了充分认识，应当在构建和谐的成长环境的同时，鼓励其广泛地参加各类学校活动和社会关系，以利于其更好、更有效地学习、成长。同时，在判断学校尽到教育、管理职责时也可以通过采用客观化的判断标准，如学校的各种教学设施是否符合安全要求，对存在的各种安全隐患是否及时排除、是否已采取必要的防范措施，学校是否制定了合理、明确的安全规章制度等来缓和举证责任，减轻被侵权人的举证负担，以利于对学生的救济。

关联法规

《学生伤害事故处理办法》第9条

第一千二百零一条 【在教育机构内第三人侵权时的责任分担】无民事行为能力人或者限制民事行为能力人在幼儿园、学校或者其他教育机构学习、生活期间，受到幼儿园、学校或者其他教育机构以外的第三人人身损害的，由第三人承担侵权责任；幼儿园、学校或者其他教育机构未尽到管理职责的，承担相应的补充责任。幼儿园、学校或者其他教育机构承担补充责任后，可以向第三人追偿。

条文注解

本条规定分为三部分：(1)幼儿园、学校或者其他教育机构以外的人员承担的侵权责任。幼儿园、学校或者其他教育机构以外的人员是指幼儿园、学校或者其他教育机构的教师、学生和其他工作人员以外的人员。如果未成年人在幼儿园、学校或者其他教育机构学习、生活期间遭受人身损害，是由于幼儿园、学校或者其他教育机构本身的人员的行为造成的，幼儿园、学校或者其他教育机构未尽到教育、管理职责时，就要承担责任。(2)幼儿园、学校或者其他教育机构承担的相应补充责任。无民事行为能力人或者限制民事行为能力人在幼儿园、学校或者其他教育机构学习、生活期间，受到幼儿园、学校或者其他教育机构以外的人员人身损害的，该人员作为侵权人应当承担侵权责任。但由于此时受到人身损害的无民事行为能力人或者限制民事行为能力人仍在幼儿园、学校或者其他教育机构监管之下，幼儿园、学校或者其他教育机构仍负有管理职责，如果幼儿园、学校或者其他教育机构未尽到管理职责的，对损害的发生也具有过错，其未尽到管理职责的行为是造成损害发生的间接原因，应当承担补充责任。(3)侵权责任法没有规定幼儿园、学校或者其他教育机构承担补充责任后，可以向第三人追偿。民法典这样规定主要是考虑本条中负有安全保障义务的主体承担相应的补充责任，第三人因为距离损害更近，属于终局责任人，安全保障义务人可以向其追偿。

第四章　产品责任

第一千二百零二条　【产品生产者责任】因产品存在缺陷造成他人损害的，生产者应当承担侵权责任。

条文注解

构成产品责任须具备三个要件：第一，产品具有缺陷。产品缺陷是构成产品责任的首要条件。《产品质量法》第46条对缺陷有相关定义，但是侵权责任法没有对产品缺陷作出定义性的规定。一般来说，产品存在缺陷，即产品存在“不合理危险”。第二，须有缺陷产品造成受害人损害的事实。缺陷产品造成受害人损害的事实，是指缺陷产品的使用人或者第三人因缺陷产品造成损害的客观存在。损害事实包括人身损害、财产损害。第三，缺陷产品与损害事实之间存在因果关系。产品责任中的因果关系，是指产品的缺陷与受害人损害事实之间存在引起与被引起的关系。在一般侵权案件中，原则上是“谁主张，谁举证”。产品责任是一种特殊的侵权，考虑到用户、消费者与生产者之间存在信息上的不对称，特别是对于高科技产品致害原因不易证明等特点，通常要求生产者就缺陷不存在，或缺陷与损害之间不存在因果关系举证。如果生产者不能举证证明，则认定产品存在缺陷及缺陷与损害之间存在因果关系。

关联法规

《产品质量法》第41、42、46条

第一千二百零三条 【被侵权人请求损害赔偿的途径和先行赔偿人追偿权】因产品存在缺陷造成他人损害的，被侵权人可以向产品的生产者请求赔偿，也可以向产品的销售者请求赔偿。

产品缺陷由生产者造成的，销售者赔偿后，有权向生产者追偿。因销售者的过错使产品存在缺陷的，生产者赔偿后，有权向销售者追偿。

条文注解

本条所称被侵权人，是指因产品存在缺陷造成人身、财产损害之后，有权要求获得赔偿的人。包括直接购买并使用缺陷产品的人，也包括非直接购买使用缺陷产品但受到缺陷产品损害的其他人。

本条从方便被侵权人维护自己合法权益的角度出发，规定了被侵权人请求赔偿的两条途径：一条是可以向产品的生产者请求赔偿；另一条是可以向产品的销售者请求赔偿。也就是说，只要是缺陷产品引起的损害，被侵权人可以向生产者和销售者中的任何一方提出赔偿请求。

根据本条规定，生产者、销售者中先行赔偿的一方有权向应当承担责任的一方追偿自己已经向被侵权人垫付的赔偿费用。预先垫付了赔偿费用的一方有权要求有责任的一方支付自己已经垫付的费用。需要明确的是，生产者和销售者承担产品责任的原则是不同的，生产者承担无过错责任，销售者承担过错责任，对此本条明确规定"产品缺陷由生产者造成的，销售者赔偿后，有权向生产者追偿。因销售者的过错使产品存在缺陷的，生产者赔偿后，有权向销售者追偿"。先行垫付赔偿费用的一方只有在另一方符合承担产品侵权责任条件的情形下,才可以向对方行使追偿权。

关联法规

《产品质量法》第43条,《消费者权益保护法》第40条,《农产品质量安全法》第54条,《乳品质量安全监督管理条例》第43条

第一千二百零四条　【生产者和销售者对有过错第三人的追偿权】因运输者、仓储者等第三人的过错使产品存在缺陷,造成他人损害的,产品的生产者、销售者赔偿后,有权向第三人追偿。

条文注解

产品在运输流通过程中,运输者、仓储者等应当按照有关规定和产品包装上标明的储藏、运输等标准进行储存、运输。如果运输者、仓储者等不按上述规定运输或者仓储,有可能造成产品缺陷。对此有过错的,行为人应当对因自己的过错产生的损害负赔偿责任,因此,因运输者、仓储者等第三人导致产品缺陷造成他人损害的,应当按照过错责任原则承担赔偿责任。为了充分保护被侵权人的利益,方便被侵权人请求赔偿,根据本条的规定,即使是因运输者、仓储者等第三人的过错使产品存在缺陷造成损害,被侵权人仍然可以先找产品的生产者或者销售者请求赔偿。生产者、销售者承担赔偿责任后,可以依据本条的规定,向造成产品缺陷的有过错的运输者、仓储者等第三人行使追偿权,要求其支付赔偿费用。

第一千二百零五条　【危及他人人身、财产安全的责任承担方式】因产品缺陷危及他人人身、财产安全的,被侵权人有权请求生产者、销售者承担停止侵害、排除妨碍、消除危险等侵权责任。

条文注解

产品存在缺陷对他人可能产生两种影响：一是造成他人损害，这种损害是已经发生的，是现实存在的，被侵权人有权请求生产者、销售者承担停止侵害、排除妨碍等侵权责任。二是对他人人身、财产安全产生一种危险，存在不安全因素。从某种角度说，这是一种尚未发生，非现实存在的损害，如果不采取相应措施，这种潜在的损害随时都有可能发生，造成受害人的实际损害。排除妨碍、消除危险是承担产品侵权责任的两种方式。妨碍是指侵权人实施的妨碍他人合法权益的行为或者造成的妨碍他人合法权益正常行使的某种有害状况。排除妨碍是指依据被侵权人的请求，侵权人以一定的积极行为除去妨碍，以使被侵权人正常行使合法权益的民事责任方式。被侵权人在请求排除妨碍时，应当注意以下几个问题：第一，妨碍必须是不法的。第二，妨碍既可以是已经发生的，也可以是可能出现的。第三，妨碍是权利人行使权利的障碍，只要不法行为妨碍他人行使物权、人身权等，被侵权人均可请求排除妨碍。消除危险，是指人身或者财产受到现实威胁的当事人请求造成危险或对危险负有责任的人消除危险状况，保障请求权人人身、财产安全的民事责任方式。适用这种责任方式，能有效地防止损害的发生，充分保护民事主体的民事权利。

关联法规

《食品安全法》第103条，《消费者权益保护法》第49条

第一千二百零六条 【流通后发现有缺陷的补救措施和侵权责任】产品投入流通后发现存在缺陷的，生产者、销售者应当及时采取停止销售、警示、召回等补救措施；未及时采取补救措施或者补救措施不力造成损害扩大的，对扩大的损害也应当承担侵权责任。

依据前款规定采取召回措施的，生产者、销售者应当负担被侵权人因此支出的必要费用。

条文注解

停止销售是对正在销售的产品采取下架、封存等不再出售的措施。停止销售可以避免侵权行为的扩大化，最大限度减少损失。

警示是对产品有关的危险或产品的正确使用给予说明、提醒，提请使用者在使用该产品时注意已经存在的危险或者潜在可能发生的危险，防止或者减少对使用者的损害。警示的作用有两个：一是告知使用者产品有危险，明示产品的缺陷；二是让使用者知道在使用该产品时如何避免危险的发生，以保证人身、财产的安全。

召回是产品的生产者、销售者依法定程序，对其生产或者销售的缺陷产品以换货、退货、更换零配件等方式，及时消除或减少缺陷产品危害的行为。召回的意义在于防患于未然，就此而言，有些类似于消除危险的侵权责任方式，是生产者、销售者将缺陷产品从流通环节中撤回，阻断可能发生的危害，一般而言是停止销售的下一步措施。召回费用由生产者、销售者负担，对维护产品生产经营秩序、救济被侵权人具有积极意义，因此，在本条中增加了召回费用承担的规定。

关联法规

《食品安全法》第 63 条，《消费者权益保护法》第 19 条，《药品召回管理办法》第 15 条，《乳品质量安全监督管理条例》第 36、42 条

第一千二百零七条　【产品责任惩罚性赔偿】明知产品存在缺陷仍然生产、销售，或者没有依据前条规定采取有效补救措施，造成他人死亡或者健康严重损害的，被侵权人有权请求相应的惩罚性赔偿。

条文注解

根据本条的规定,产品责任中适用惩罚性赔偿的条件是:第一,侵权人具有主观故意。明知是缺陷产品仍然生产或者销售。第二,要有损害事实。这种损害事实不是一般的损害事实,而应当是造成严重损害的事实,即造成他人死亡或者健康受到严重损害。第三,要有因果关系,即被侵权人的死亡或者健康严重受损害是因为侵权人生产或者销售的缺陷产品造成的,或者生产者、销售者没有依照前条规定采取有效补救措施。本条还规定了惩罚性赔偿的适用范围,即在被侵权人死亡或者健康受到严重损害的范围内适用。

关联法规

《食品安全法》第148条,《消费者权益保护法》第55条

第五章　机动车交通事故责任

第一千二百零八条　【机动车交通事故责任的法律适用】机动车发生交通事故造成损害的,依照道路交通安全法律和本法的有关规定承担赔偿责任。

条文注解

本条主要有以下几层含义:(1)首先由保险公司在机动车第三者责任强制保险责任限额范围内予以赔偿。机动车第三者责任强制保险是解决道路交通事故赔偿问题的重要制度。机动车发生交通事故,包括机动车与机动车之间,机动车与非机动车驾驶人、行人之间,都是先由保险公司在机动车第三者责任强制保险责任限额内予以赔偿,不

足的部分才由机动车一方承担赔偿责任。(2)在强制保险责任限额范围内赔偿后不足部分的责任承担。①机动车之间发生交通事故的赔偿责任,由有过错的一方承担赔偿责任;双方都有过错的,按照各自过错的比例分担责任。②机动车与非机动车驾驶人、行人之间发生交通事故的赔偿责任。在归责原则上,机动车与非机动车驾驶人、行人之间发生交通事故,主要适用过错推定原则,同时,机动车一方还要承担一部分无过错责任。(3)机动车一方不承担责任的情形。机动车与非机动车驾驶人、行人之间发生交通事故,如果交通事故的损失是因非机动车驾驶人、行人自杀、自伤、有意冲撞(碰瓷)等行为故意造成的,机动车一方不承担赔偿责任。

关联法规

《道路交通安全法》第17、21、23、76条,《机动车交通事故责任强制保险条例》第2、3、21、23条

第一千二百零九条　【机动车所有人、管理人与使用人不一致时的侵权责任】因租赁、借用等情形机动车所有人、管理人与使用人不是同一人时,发生交通事故造成损害,属于该机动车一方责任的,由机动车使用人承担赔偿责任;机动车所有人、管理人对损害的发生有过错的,承担相应的赔偿责任。

条文注解

机动车租赁,是指机动车所有人将机动车在一定时间内交付承租人使用、收益,机动车所有人收取租赁费用,不提供驾驶劳务的行为。机动车管理,是指将机动车存放在某一场所,或者将机动车交付维修,机动车暂时脱离所有人占有时,保管、占有机动车的行为。机动车借

用，是指机动车所有人将机动车在约定时间内交由借用人使用的行为。本条中的“使用人”不仅包括承租人、管理人、借用人，还包括机动车出质期间的质权人、维修期间的维修人、由他人保管期间的保管人等。在机动车出质、维修和由他人保管期间，机动车由质权人、维修人和保管人占有，他们对机动车享有运行支配力，而所有人、管理人则丧失了运行支配力。质权人、维修人、保管人擅自驾驶机动车发生交通事故的，应由质权人、维修人、保管人承担赔偿责任。机动车所有人在将机动车出租、出借时应当对承租人、借用人进行必要的审查，如承租人、借用人是否有驾驶资格。同时，还应当保障机动车性能符合安全的要求，如车辆制动是否灵敏等。机动车管理人在保管、占有机动车过程中，负有妥善保管、管理的义务，不得擅自使用或者许可他人使用机动车。机动车所有人、管理人没有尽到上述应有的注意义务，便有过错，该过错可能成为该机动车造成他人损害的一个因素，机动车所有人、管理人应当对因自己的过错造成的损害负相应的赔偿责任。

关联法规

《最高人民法院关于审理道路交通事故损害赔偿案件适用法律若干问题的解释》第1条

第一千二百一十条　【转让并交付但未办理登记的机动车侵权责任】当事人之间已经以买卖或者其他方式转让并交付机动车但是未办理登记，发生交通事故造成损害，属于该机动车一方责任的，由受让人承担赔偿责任。

条文注解

关于本条的理解，第一，机动车发生交通事故造成损害，属于该机动车一方责任的，仍然先由承保机动车强制保险的保险人在强制保险责任限额范围内予以赔偿；不足部分，如果机动车一方购买了商业保险的，由承保机动车商业保险的保险人按照保险合同的约定予以赔偿；仍然不足或者没有投保机动车商业保险的，由侵权人赔偿。第二，机动车所有权的转移在交付时发生效力，未经登记，只是缺少公示而不产生社会公信力，在交易过程中不能对抗善意第三人。本条立法目的规范的情形，不是物权是否发生变动，事实上机动车所有权已经发生转移。即使在附所有权保留特别约定的分期付款买卖机动车的情形下，如果机动车已交付购买人，虽然出卖人仍保留机动车所有权，但并不影响购买人取得机动车的实际支配力和使用收益；该所有权仅在购买人不依约定支付价金时才发生效力，即要求购买人返还出卖人享有所有权的机动车。因此，在发生道路交通事故后，应当由购买人承担赔偿责任，保留机动车所有权的出卖人不承担赔偿责任。本条的情形应当只是行政管理上的登记没有变更，这种管理性登记不影响侵权责任的承担。第三，本条中的“交付”与物权编中的“交付”不应完全等同。物权理论中的拟制交付有简易交付、指示交付和占有改定等的区分。简易交付可以适用本条的规则；指示交付中，第三人不将机动车交给受让人，受让人无法实际控制机动车；占有改定中，出让人仍然继续占有该机动车，受让人无法实际控制机动车。但是，我国法律中并未出现实际交付、简易交付、指示交付和占有改定这些学理术语。因此，本条的“交付”主要是指“实际交付”。

关联法规

《道路交通安全法》第12条

第一千二百一十一条　【挂靠机动车侵权责任】以挂靠形式从事道路运输经营活动的机动车，发生交通事故造成损害，属于该机动车一方责任的，由挂靠人和被挂靠人承担连带责任。

条文注解

机动车挂靠从事运输经营活动，是指为了交通营运过程中的方便，将车辆登记为某个具有运输经营权资质的经营主体名下，以该主体的名义进行运营，并由挂靠者向被挂靠主体支付一定的费用的形式。挂靠形式从事道路运输经营活动一般有三个特点：一是四证统一，即车辆行驶证、道路运输证、驾驶证、营业性道路运输驾驶员从业资格证上的车主、业户、单位、服务单位都统一为被挂靠主体的名称。二是挂靠机动车向被挂靠主体交纳费用。三是具有隐蔽性，虽然挂靠双方签订有关运输经营的合同或内部协议，但发生交通事故造成损害时，被侵权人无法从外观上区别挂靠机动车是否属于被挂靠主体。

以挂靠形式从事道路运输经营活动的机动车，发生交通事故造成损害，属于该机动车一方责任的，由挂靠人和被挂靠人承担连带责任。主要原因包括：一是被挂靠主体接受车辆挂靠，应当对该车辆有没有从事运输活动的能力进行核查和负责，从而控制风险；并且与挂靠机动车明确约定机动车发生交通事故造成损害时责任如何承担。二是在车辆挂靠时，有可能使乘客或者托运人因信赖被挂靠主体的管理能力及责任能力，而对挂靠机动车产生信赖，对这种信赖应当保护，被挂靠主体因为被信赖而有责任。三是如果区分经营性挂靠与行政强制性挂靠作出不同规定，可能导致受害人举证不能，而被挂靠人事先采取各种措施以便在诉讼中提出各项证据证明自己未收取任何费用进而达到免责的目的。

第一千二百一十二条　【未经允许驾驶他人机动车侵权责任】未经允许驾驶他人机动车，发生交通事故造成损害，属于该机动车一方责任的，由机动车使用人承担赔偿责任；机动车所有人、管理人对损害的发生有过错的，承担相应的赔偿责任，但是本章另有规定的除外。

条文注解

理解本条需要把握以下三点：一是未经允许驾驶他人机动车，发生交通事故造成损害，属于该机动车一方责任的，由机动车使用人承担赔偿责任。未经允许驾驶他人车辆，车主对此不知情，因此一般不应承担侵权责任，由机动车使用人承担。二是机动车所有人、管理人对损害的发生有过错的，承担相应的赔偿责任。此处的“对损害的发生有过错”可理解为机动车所有人、管理人没有履行一般人应有的谨慎注意义务。例如，机动车所有人将车停在路边，为图方便没有熄火即下车买东西，车上同行人在等待时闲极无聊，坐在驾驶位上操作，导致发生交通事故。这种情形下，机动车所有人是有过错的，应当在过错范围内承担相应的责任。三是本条规定了但书，而且是仅限于“本章”另有规定的除外。该但书仅指一种情形，即本法第 1215 条第 1 款规定的，“盗窃人、抢劫人或者抢夺人与机动车使用人不是同一人，发生交通事故造成损害，属于该机动车一方责任的，由盗窃人、抢劫人或者抢夺人与机动车使用人承担连带责任”。

第一千二百一十三条　【交通事故责任承担主体赔偿顺序】机动车发生交通事故造成损害，属于该机动车一方责任的，先由承保机动车强制保险的保险人在强制保险责任限额范围内予以赔偿；不足部分，由承保机动车商业保险的保险人按照保险合同的约定予以赔偿；仍然不足或者没有投保机动车商业保险的，由侵权人赔偿。

条文注解

本条区分三个层次作了规定：一是先由承保机动车强制保险的保险人在强制保险责任限额范围内予以赔偿。机动车强制保险是由保险人对被保险机动车发生道路交通事故造成受害人（不包括本车人员和被保险人)的人身伤亡、财产损失,在责任限额内予以赔偿的强制性责任保险,是我国首个由国家法律规定实行的强制保险制度。机动车强制保险具有一定的公共政策性质,赔偿的范围比较广、赔付较为及时,其主要目的是及时、有效地救助机动车交通事故中的受害人。二是机动车强制保险赔偿不足部分,由承保机动车商业保险的保险人根据保险合同的约定予以赔偿。目前,机动车交通事故责任强制保险责任限额分为两大类。一类是机动车在道路交通事故中有责任时,死亡伤残赔偿限额11万元人民币,医疗费用赔偿限额1万元人民币,财产损失赔偿限额2000元人民币。另一类是机动车在道路交通事故中无责任时,死亡伤残赔偿限额1.1万元人民币,医疗费用赔偿限额1000元人民币,财产损失赔偿限额100元人民币。商业保险的成立基础在于契约自由,其主要目的在于分散机动车驾驶人的事故责任风险,由投保人自愿购买。因此,在赔偿的时候,由强制保险先行赔付,不足的部分再由商业保险赔付,是符合法理的。三是机动车商业保险赔偿仍然不足或者没有商业保险的,由侵权人赔偿。这种保险前置、侵权人托底的规定,充分体现了保险的作用和及时救济受害人、分散机动车使用人风险的目的,符合强制保险的赔偿替代性和商业保险的补充性的性质,也最大限度地平衡了强制保险、商业保险和侵权人的责任与义务。

关联法规

《最高人民法院关于审理道路交通事故损害赔偿案件适用法律若干问题的解释》第13条,《机动车交通事故责任强制保险条例》第21、23条

第一千二百一十四条　【拼装车或报废车侵权责任】以买卖或者其他方式转让拼装或者已经达到报废标准的机动车,发生交通事故造成损害的,由转让人和受让人承担连带责任。

条文注解

拼装和已经达到报废标准的机动车，由于其不能达到机动车上路行驶的安全标准，上路行驶后极易造成其他机动车、非机动车驾驶人和行人的损害。转让拼装的或者已经达到报废标准的机动车，本身即具有违法性，上路行驶又具有更大的危险性，因此，对以买卖、赠与等方式转让拼装的或者已经达到报废标准的机动车，由买卖、赠与等转让人和受让人、赠与人和受赠人承担连带责任。这样规定有利于预防并制裁转让、驾驶拼装的或者已经达到报废标准的机动车的行为，更好地保护人民群众的生命财产安全；在受害人有损害时，也可以根据本条获得较为充分的损害赔偿。

关联法规

《道路交通安全法》第14、16、100、103条，《最高人民法院关于审理道路交通事故损害赔偿案件适用法律若干问题的解释》第4条，《报废机动车回收管理办法》第2、15条

第一千二百一十五条　【盗窃、抢劫或抢夺机动车侵权责任】盗窃、抢劫或者抢夺的机动车发生交通事故造成损害的，由盗窃人、抢劫人或者抢夺人承担赔偿责任。盗窃人、抢劫人或者抢夺人与机动车使用人不是同一人，发生交通事故造成损害，属于该机动车一方责任的，由盗窃人、抢劫人或者抢夺人与机动车使用人承担连带责任。

保险人在机动车强制保险责任限额范围内垫付抢救费用的，有权向交通事故责任人追偿。

条文注解

机动车被盗窃、抢劫或者抢夺，也是所有人与机动车相分离的形态之一。(1)盗窃、抢劫或者抢夺的机动车发生交通事故造成损害的，

由盗抢人承担赔偿责任。这样规定主要考虑：一是机动车被盗窃、抢劫或抢夺后，机动车所有人丧失了对机动车的运行支配力，而这种支配力的丧失是盗抢者的违法行为造成的，是所有人不情愿的，有时还是所有人不知悉、未预想到的。二是在机动车被盗的情形下，即使因为所有人对机动车保管上的疏忽，导致机动车丢失，这也与机动车发生交通事故没有直接的因果关系。因此，应当由盗抢者承担发生交通事故后的损害赔偿责任，机动车所有人不承担赔偿责任。(2)盗窃人、抢劫人或者抢夺人与机动车使用人不是同一人，发生交通事故造成损害，属于该机动车一方责任的，由盗窃人、抢劫人或者抢夺人与机动车使用人承担连带责任。这里规定的“机动车使用人”，指的是盗窃人、抢劫人或者抢夺人将机动车出售、出租、借用、赠送，从而实际使用该机动车的人。一般而言，驾驶机动车发生交通事故属于该机动车一方责任的，应当由机动车使用人承担赔偿责任。但是，为了惩罚盗窃人、抢劫人或者抢夺人的行为，使他们不能逃脱法律的制裁，本条规定他们需要承担连带赔偿责任。(3)机动车被盗抢后发生交通事故造成损害，保险人在机动车强制保险责任限额范围内垫付抢救费用的，有权向交通事故责任人追偿。在驾驶人无驾驶资格、醉酒、被盗期间肇事、故意制造交通事故等情形下，应当允许强制保险的保险人在承担赔偿责任后向驾驶人追偿。在借鉴相关行政法规的基础上，本条明确规定了有上述情形的，保险人可行使追偿权。

关联法规

《机动车交通事故责任强制保险条例》第22条

第一千二百一十六条　【肇事后逃逸责任及受害人救济】机动车驾驶人发生交通事故后逃逸，该机动车参加强制保险的，由保险人在机动车强制保险责任限额范围内予以赔偿；机动车不明、该机动车未参加强制保险或者抢救费用超过机动车强制保险责任限额，

需要支付被侵权人人身伤亡的抢救、丧葬等费用的，由道路交通事故社会救助基金垫付。道路交通事故社会救助基金垫付后，其管理机构有权向交通事故责任人追偿。

条文注解

机动车肇事逃逸，是指发生道路交通事故后，道路交通事故当事人为逃避法律追究，驾驶车辆或者遗弃车辆逃离道路交通事故现场的行为。本条针对机动车驾驶人发生交通事故后逃逸的，在驾驶人应当承担赔偿责任的前提下，如何通过机动车强制保险和道路交通事故社会救助基金救济受害人等问题作了如下规定：(1)机动车驾驶人发生交通事故后逃逸，该机动车参加强制保险的，由保险人在机动车强制保险责任限额范围内予以赔偿。这一规定表明，发生交通事故的机动车参加了机动车强制保险，并且发生交通事故后能够确定机动车的，由保险公司在机动车强制保险责任限额范围内予以赔偿。(2)机动车不明、该机动车未参加强制保险或者抢救费用超过机动车强制保险责任限额，需要支付被侵权人人身伤亡的抢救、丧葬等费用的，由道路交通事故社会救助基金垫付。

本条规定的前提是"机动车驾驶人发生交通事故后逃逸"，即驾驶人不明了，此时如果交通事故现场有机动车，可以通过机动车号牌、发动机编号的信息反查机动车驾驶人、所有人或者管理人，从而确定肇事者。但是，当机动车也不明的情况下，很难确定肇事者，这才需要道路交通事故社会救助基金垫付费用。道路交通事故社会救助基金垫付后，其管理机构有权向交通事故责任人追偿。

关联法规

《道路交通安全法》第17、70、75条，《机动车交通事故责任强制保险条例》第24、25条

第一千二百一十七条 【好意同乘的责任承担】非营运机动车发生交通事故造成无偿搭乘人损害，属于该机动车一方责任的，应当减轻其赔偿责任，但是机动车使用人有故意或者重大过失的除外。

条文注解

好意同乘主要是指非营运机动车的驾驶人基于亲情或者友情在上下班、出游途中无偿搭载自己的亲朋好友、邻居同事的情形。好意同乘者无偿搭乘的行为并不意味着其自甘冒险，机动车使用人对好意同乘者的注意义务不因为无偿而完全不存在，只是不同于无偿客运合同或者无偿委托合同中注意义务。好意同乘中，机动车使用人的责任适用过错责任原则。同时，也应明确区分，好意同乘不同于网络顺风车，网络顺风车的合乘者分摊部分合乘出行成本，这属于共享出行方式，是有偿的、营运性的。因此，好意同乘中发生交通事故造成无偿搭乘人损害，属于该机动车一方责任的，应当减轻其赔偿责任，却不可以完全免除，在鼓励人际友善、利他行为与承担法律责任方面寻求平衡。好意同乘中，如果机动车使用人有故意或者重大过失的，不减轻其对无偿搭乘人的赔偿责任。

第六章　医疗损害责任

第一千二百一十八条 【医疗损害责任归责原则和责任承担主体】患者在诊疗活动中受到损害，医疗机构或者其医务人员有过错的，由医疗机构承担赔偿责任。

条文注解

“诊疗活动”，包括诊断、治疗、护理等环节，诊疗活动是指通过各种检查，使用药物、器械及手术等方法，对疾病作出判断和消除疾病、缓解病情、减轻痛苦、改善功能、延长生命、帮助患者恢复健康的活动。医务人员是医疗机构的工作人员,医疗机构有过错的,由医疗机构承担赔偿责任自不待言;医务人员有过错的,也应当由医疗机构承担赔偿责任。因此,本条规定"医疗机构或者其医务人员有过错的,由医疗机构承担赔偿责任"。患者在诊疗活动中受到损害,除了医疗机构及其医务人员有过错的条件外,医疗机构或者其医务人员的过错还要与患者的损害具有因果关系,医疗机构才承担赔偿责任。

关联法规

《医疗事故处理条例》第2、49条,《医疗机构管理条例实施细则》第88条,《最高人民法院关于审理医疗损害责任纠纷案件适用法律若干问题的解释》第4条

第一千二百一十九条 【医务人员说明义务和患者知情同意权】医务人员在诊疗活动中应当向患者说明病情和医疗措施。需要实施手术、特殊检查、特殊治疗的,医务人员应当及时向患者具体说明医疗风险、替代医疗方案等情况,并取得其明确同意;不能或者不宜向患者说明的,应当向患者的近亲属说明,并取得其明确同意。

医务人员未尽到前款义务,造成患者损害的,医疗机构应当承担赔偿责任。

条文注解

本条第1款规定,医务人员在诊疗活动中应当向患者具体说明病情和医疗措施。这是医务人员在诊疗活动中一般应尽的义务。除此之外,如果需要实施手术、特殊检查、特殊治疗的,还应当及时向患者说明医疗风险、替代医疗方案等情况,并取得其明确同意;如果向患者

说明将造成患者悲观、恐惧、心理负担沉重，不利于治疗的，就不能或者不宜向患者说明，这种情况下医务人员应当向患者的近亲属说明，并取得其明确同意。

本条第2款规定，医务人员未尽到前款义务，造成患者损害的，医疗机构应当承担赔偿责任。这里需要说明一点，不是说医务人员尽到了本条第1款规定的义务，在后续的诊疗活动中造成患者损害的，医疗机构就可以不承担赔偿责任了。本法第1221条规定，医务人员在诊疗活动中未尽到与当时的医疗水平相应的诊疗义务，造成患者损害的，医疗机构应当承担赔偿责任。

关联法规

《执业医师法》第26条，《医疗事故处理条例》第11条，《医疗机构管理条例》第33条，《医疗机构管理条例实施细则》第62、68条，《最高人民法院关于审理医疗损害责任纠纷案件适用法律若干问题的解释》第5条

第一千二百二十条　【紧急情况下知情同意的特殊规定】因抢救生命垂危的患者等紧急情况，不能取得患者或者其近亲属意见的，经医疗机构负责人或者授权的负责人批准，可以立即实施相应的医疗措施。

条文注解

在抢救生命垂危的患者等紧急情况下，“不能取得患者或者其近亲属意见的”情况是多种多样、比较复杂的。有的情况是近亲属的决策对患者不利；有的情况是患者病重，家庭负担较重，患者或者其近亲属不愿意继续治疗；还有的情况是，在患者意识清醒时曾经立下遗嘱

或者对近亲属明确表示,生命临终要有尊严,不想遭受各种治疗上的痛苦;此外,还有一些其他情形,如果一概规定医疗机构可以实施强行治疗,不但违反了意思自治原则,同时对患者及其家庭也不一定有益。因此,本条规定的“不能取得患者或者其近亲属意见”,主要是指患者不能表达意志,也无近亲属陪伴,又联系不到近亲属的情况。

关联法规

《医疗机构管理条例》第33条

第一千二百二十一条 【诊疗活动中医务人员过错的界定】医务人员在诊疗活动中未尽到与当时的医疗水平相应的诊疗义务,造成患者损害的,医疗机构应当承担赔偿责任。

条文注解

依照本条规定,医务人员的注意义务就是应当尽到与当时的医疗水平相应的诊疗义务。尽到诊疗义务的一个重要方面,是诊疗行为符合法律、行政法规、规章以及诊疗规范的有关要求。需要说明的是,医务人员的注意义务并非与诊疗行为合法合规完全等同,这是两个概念。医务人员应当具有的诊疗水平,并非完全能够被法律、行政法规、规章以及诊疗规范的有关要求所涵盖。医务人员完全遵守了具体的操作规程,仍然有可能作出事后证明是错误的判断。医疗行为具有未知性、特异性和专业性等特点,不能仅凭事后证明错误这一点来认定医务人员存在诊疗过错,不能唯结果论;关键要看是不是其他的医务人员一般都不会犯这种错误。因此,本条规定的诊疗义务可以理解为一般情况下医务人员可以尽到的,通过谨慎的作为或者不作为避免患者受到损害的义务。

关联法规

《执业医师法》第22条,《医疗事故处理条例》第5条

第一千二百二十二条 【推定医疗机构有过错的情形】患者在诊疗活动中受到损害,有下列情形之一的,推定医疗机构有过错:

(一)违反法律、行政法规、规章以及其他有关诊疗规范的规定;

(二)隐匿或者拒绝提供与纠纷有关的病历资料;

(三)遗失、伪造、篡改或者违法销毁病历资料。

条文注解

本条第1项规定的违反法律、行政法规、规章以及其他有关诊疗规范的规定,是医疗机构存在过错的表面证据,并且是一种很强的表面证据,因此,本条规定这种情形下推定存在过错。但医务人员有过错与违反法律、行政法规、规章以及诊疗规范的规定毕竟不是等同的概念。本条第2项和第3项规定的情形,一方面反映了医疗机构的"恶意";另一方面使患者难以取得与医疗纠纷有关的证据资料,这时再让患者举证已不合理。因此,推定医疗机构有过错。

关联法规

《执业医师法》第22、23、37条,《医疗事故处理条例》第5、9条,《医疗机构管理条例》第25条,《最高人民法院关于审理医疗损害责任纠纷案件适用法律若干问题的解释》第6条

第一千二百二十三条 【药品、消毒产品、医疗器械的缺陷,或者输入不合格血液的侵权责任】因药品、消毒产品、医疗器械的缺陷,或者输入不合格的血液造成患者损害的,患者可以向药品上市

许可持有人、生产者、血液提供机构请求赔偿,也可以向医疗机构请求赔偿。患者向医疗机构请求赔偿的,医疗机构赔偿后,有权向负有责任的药品上市许可持有人、生产者、血液提供机构追偿。

关联法规

《药品管理法》第6、144条,《产品质量法》第41、43、46条,《执业医师法》第25条,《献血法》第2、11、14条,《消毒管理办法》第45条,《医疗器械监督管理条例》第76条,《最高人民法院关于审理医疗损害责任纠纷案件适用法律若干问题的解释》第7条

第一千二百二十四条 【医疗机构免责情形】患者在诊疗活动中受到损害,有下列情形之一的,医疗机构不承担赔偿责任:

(一)患者或者其近亲属不配合医疗机构进行符合诊疗规范的诊疗;

(二)医务人员在抢救生命垂危的患者等紧急情况下已经尽到合理诊疗义务;

(三)限于当时的医疗水平难以诊疗。

前款第一项情形中,医疗机构或者其医务人员也有过错的,应当承担相应的赔偿责任。

条文注解

本条规定了三种医疗机构不承担责任的情形。(1)患者或者其近亲属不配合医疗机构进行符合诊疗规范的诊疗。在实践中,患者一方不配合诊疗的行为可以分为两类:第一类是患者囿于其医疗知识水平的局限而对医疗机构采取的诊疗措施难以建立正确的理解,从而导致其不遵医嘱、错误用药等与诊疗措施不相配合的现象。第二类是患者

一方主观上具有过错，该过错又可分为故意和过失。故意的情形一般比较少见，患者就医是为了治疗疾病、康复身体，而非追求身体损害的结果。但现实情况是复杂的，也不能完全排除患者主观追求损害结果的可能。(2)医务人员在抢救生命垂危的患者等紧急情况下已经尽到合理诊疗义务。本项内容规定了两个要件，在两个要件均符合的情况下，医疗机构对患者的损害不承担赔偿责任。这两个要件分别为：一是抢救生命垂危的患者等紧急情况。对患者的紧急救治是医疗机构及其医务人员的职责之一。“紧急情况”的界定是，患者因疾病发作、突然外伤受害及异物侵入体内，身体处于危险状态或非常痛苦的状态，在临床上表现为急性外伤、脑挫伤、意识消失、大出血、心绞痛、急性严重中毒、呼吸困难、各种原因所致的休克等。二是已经尽到合理诊疗义务。包括如下四个方面：①对患者伤病的准确诊断。②治疗措施的合理、适当，包括治疗措施和治疗用药的适当、合理。③谨慎履行说明告知义务。④将紧急救治措施对患者造成的损害控制在合理限度之内。(3)限于当时的医疗水平难以诊疗。医疗行为具有高技术性、高风险性、复杂性以及不可控因素，还有很多未知领域需要探索；有时，医疗结果具有不确定性和不可预见性。现代医学技术水平的发展具有局限性，目前还不能达到100%的治愈率。

关联法规

《执业医师法》第24条，《医疗事故处理条例》第33条

第一千二百二十五条　【医疗机构对病历资料的义务、患者对病历资料的权利】医疗机构及其医务人员应当按照规定填写并妥善保管住院志、医嘱单、检验报告、手术及麻醉记录、病理资料、护理记录等病历资料。

患者要求查阅、复制前款规定的病历资料的，医疗机构应当及时提供。

条文注解

医疗机构可以为申请人复制门(急)诊病历和住院病历中的体温单、医嘱单、住院志(入院记录)、手术同意书、麻醉同意书、麻醉记录、手术记录、病重(病危)患者护理记录、出院记录、输血治疗知情同意书、特殊检查(特殊治疗)同意书、病理报告、检验报告等辅助检查报告单、医学影像检查资料等病历资料。患者本人或者其委托代理人、死亡患者法定继承人或者其代理人可以查阅、复制病历资料。患者在诊疗活动中受到损害，医疗机构隐匿或者拒绝提供与纠纷有关的病历资料的，推定医疗机构有过错。在推定过错的情况下，如果医疗机构没有相反证明，则“推定”的过错将被“认定”为过错，医疗机构将承担不利的法律后果。

关联法规

《执业医师法》第23条，《医疗事故处理条例》第8、10、16条

第一千二百二十六条　【患者隐私和个人信息保护】医疗机构及其医务人员应当对患者的隐私和个人信息保密。泄露患者的隐私和个人信息，或者未经患者同意公开其病历资料的，应当承担侵权责任。

条文注解

基于医患关系的特殊性以及医患纠纷中的现实矛盾，本条对医疗

领域的隐私和个人信息保护作了专门规定。正确理解本条的规定，需要从以下几个方面把握：(1)医疗机构及其医务人员侵害患者隐私和个人信息的表现形式。一是泄露患者的隐私和个人信息。泄露患者隐私，既包括医疗机构及其医务人员将其在诊疗活动中掌握的患者的隐私和个人信息对外公布、披露的行为。二是未经患者同意公开其医学文书及有关资料。患者在就诊过程中，一般均会配合医务人员的问询，披露自己的病情、病史、症状等一系列个人信息，以配合医务人员的诊疗。在很多情况下，为了医学发展，还需要将患者信息汇集、整理，提供给医药研究机构或者企业。这部分记载有患者隐私内容的医学文书及相关资料一旦被披露，不但引起患者内心的精神痛苦，还往往会导致患者社会评价的降低。(2)关于承担侵权责任的条件。无论是泄露患者隐私和个人信息，还是未经患者同意公开医学文书及有关资料，只有在造成患者损害的情况下，医疗机构才承担侵权责任。

关联法规

《执业医师法》第22条，《最高人民法院关于确定民事侵权精神损害赔偿责任若干问题的解释》第1条

第一千二百二十七条　【禁止违规过度检查】医疗机构及其医务人员不得违反诊疗规范实施不必要的检查。

条文注解

正确理解本条的规定，需要从以下两个方面进行把握：1. 不必要的检查的特点和表现形式。不必要的检查一般是指由医疗机构提供的超出患者个体和社会保健实践需求的医疗检查服务，医学伦理学界把它称为“过度检查”。不必要的检查具有以下特征：(1)为诊疗疾病

所采取的检查手段超出疾病诊疗的基本需求，不符合疾病的规律与特点。(2)采用非“金标准”的诊疗手段。所谓“金标准”，是指当前临床医学界公认的诊断疾病的最可靠方法。较为常用的“金标准”有活检、手术发现、微生物培养、特殊检查和影像诊断，以及长期随访的结果等。(3)与疾病基本诊疗需求无关的过度消费。2.不必要的检查形成的原因。它的成因主要有：(1)现行医疗体制不健全。一方面是患者的医疗负担越来越重，看病贵的现象普遍存在；另一方面是医院的生存和发展依赖市场，强化了医院的求利倾向，催生了“以药养医”“以检养医”的现象，使医患关系进一步恶化。(2)受司法实践中医疗举证责任倒置的影响。为应对司法实践中举证责任倒置而导致的举证压力，医疗机构采取了“防御性医疗”的对策，而不必要的检查就是“防御性医疗”的一种表现形式。

第一千二百二十八条 【维护医疗机构及其医务人员合法权益】医疗机构及其医务人员的合法权益受法律保护。

干扰医疗秩序，妨碍医务人员工作、生活，侵害医务人员合法权益的，应当依法承担法律责任。

条文注解

本条第1款规定，当前医患双方的极度不信任导致医患关系的紧张，这种紧张状态又促使医疗纠纷不断升级。法律介入医疗活动的目的是实现医患双方权利的平衡和利益的协调，并非去解释或者解决本属于医学理论和医疗科学方面的问题。因此，在法律制度设计上，既要考虑患者作为医疗活动中弱势一方的利益保护，也应兼顾到医学行业本身的特点，如医学科学的局限性、医疗行业的高风险性。法律不仅仅为遭受医疗过错损害的患者提供保护，同样，对于医疗机构及其医务人员的合法权益，法律也要保护，医疗行业的健康、有序发展是整个社会公益的需要。因此，本法对医疗机构及其医务人员的合法权益的保护作了规范。

本条第2款规定，将“干扰医疗秩序，妨碍医务人员工作、生活，侵害医务人员合法权益的，应当依法承担法律责任”单作一款进行规定，以突出民法对医务人员人身财产安全的保护和重视。需要说明的是，干扰医疗秩序，妨碍医务人员工作、生活，侵害医务人员合法权益的，除了承担民事赔偿责任外，还涉及行政责任和刑事责任。

关联法规

《刑法》第289～290条，《治安管理处罚法》第23条，《执业医师法》第21条，《医疗事故处理条例》第59条

第七章　环境污染和生态破坏责任

第一千二百二十九条　【污染环境、破坏生态致损的侵权责任】因污染环境、破坏生态造成他人损害的，侵权人应当承担侵权责任。

条文注解

根据本条规定，因污染环境、破坏生态造成他人损害的，侵权人应当承担侵权责任。“污染环境”指对生活环境的污染，“破坏生态”指对生态环境的破坏。既包括对大气、水体、海洋、土地等生活环境的污染，也包括对生物多样性、水土流失等生态环境的破坏；既包括水污染、大气污染、噪声污染等传统的污染，也包括光污染、辐射污染等新型污染。总而言之，侵权人因污染环境、破坏生态造成他人损害的，应当承担侵权责任。根据本条规定，环境侵权责任继续作为一种特殊类型侵权责任，适用无过错责任归责原则。根据无过错责任原则，在侵

权人的行为与受害人的损害有因果关系的情形下,无论侵权人是否存在过错,都应当对其污染行为造成的损害承担侵权责任。

关联法规

《环境保护法》第2、64条,《海洋环境保护法》第89、90条,《水污染防治法》第96条,《大气污染防治法》第125条,《固体废物污染环境防治法》第121条,《环境噪声污染防治法》第61条,《放射性污染防治法》第59条,《水污染防治法实施细则》第48条,《防治陆源污染物污染损害海洋环境管理条例》第32条,《防止拆船污染环境管理条例》第23条,《最高人民法院关于审理环境侵权责任纠纷案件适用法律若干问题的解释》第1条

第一千二百三十条　【环境污染、生态破坏侵权举证责任】因污染环境、破坏生态发生纠纷,行为人应当就法律规定的不承担责任或者减轻责任的情形及其行为与损害之间不存在因果关系承担举证责任。

条文注解

举证责任,是指法律要求纠纷当事人对自己所主张的事实,提出证据加以证明的责任。根据我国民事诉讼法的规定,一般实行"谁主张,谁举证"的原则。根据本条规定,行为人应当就两种情形承担举证责任:一是法律规定的不承担责任或者减轻责任的情形;环境保护单行法有规定的,首先适用单行法的规定,单行法没有规定的,适用民法典总则编和侵权责任编有关免责事由的规定。二是其行为与损害之间不存在因果关系。根据本条规定,行为人应当就其行为与损害之间不存在因果关系承担举证责任。这表明我国对环境侵权实行因果关

系的举证责任倒置。所谓举证责任倒置，是指在法律规定的一些特殊情形下，将通常应由提出事实主张的当事人所负担的举证责任分配给对方，由对方对否定该事实承担举证责任，如果该方当事人不能就此举证证明，则推定事实主张成立的一种举证责任分配制度。它是举证责任分配的一种特殊表现形式，是相对于一般举证责任分配规则的正常分配结果而言的。其实质便是免除本应由原告承担的举证责任，而就待证事实的反面事实，由被告承担举证责任。将污染行为与损害之间的因果关系的举证义务加于污染者，有利于保护受害人的合法权益。

关联法规

《民事诉讼法》第 64 条，《环境保护法》第 64 条，《水污染防治法》第 98 条

第一千二百三十一条　【两个以上侵权人的责任大小确定】两个以上侵权人污染环境、破坏生态的，承担责任的大小，根据污染物的种类、浓度、排放量，破坏生态的方式、范围、程度，以及行为对损害后果所起的作用等因素确定。

条文注解

适用本条环境共同侵权需要满足以下要件：一是多个侵权主体，有两个或者两个以上的行为人实施了污染环境、破坏生态行为。二是行为人实施了污染环境、破坏生态的行为，因环境侵权采用无过错责任，不需要考虑行为人的主观过错，行为人之间是否存在意思联络，都不影响适用本条。环境共同侵权不仅要解决多个侵权人的外部责任问题，也要解决多个侵权人内部如何划分责任的问题。从理论上讲，每个侵权人承担责任大小的依据是侵权人的污染行为在导致损害的

结果中所占的原因力的比例多少。但是，环境污染中原因力的确定比较复杂，要综合考虑污染物的种类、浓度、排放量，破坏生态的方式、范围、程度，以及行为对损害后果所起的作用等因素。

关联法规

《最高人民法院关于审理环境侵权责任纠纷案件适用法律若干问题的解释》第2~4条

第一千二百三十二条　【环境污染、生态破坏侵权的惩罚性赔偿】侵权人违反法律规定故意污染环境、破坏生态造成严重后果的，被侵权人有权请求相应的惩罚性赔偿。

条文注解

环境侵权惩罚性赔偿的构成要件：(1)侵权人实施了不法行为。根据本条规定，侵权人的环境污染和破坏生态行为应当违反了法律规定。惩罚性赔偿不同于普通环境侵权，其赔偿数额更高，具有普通环境侵权不具备的惩罚功能，故其构成要件应当更为严格。(2)侵权人主观具有故意。"故意"作为一种主观状态，难以直接证明，在实践中一般通过侵权人的行为来认定，如侵权人多次非法排污并受到行政机关处罚、侵权人将未经处理的废水废气废渣直接排放或者倾倒、侵权人关闭环境在线监测系统或者故意干扰监测系统、侵权人在正常排污设施外留有偷排孔等，这些都能证明侵权人对其排污行为所可能造成的后果，绝对不是疏忽大意，而是故意为之、放任严重后果的发生。(3)造成严重后果。根据本条，侵权人的行为造成严重后果的，才可能构成惩罚性赔偿。惩罚性赔偿具有惩罚功能，在适用上应当遵循谦抑原则，不能对侵权人动辄就处以惩罚性赔偿。惩罚性赔偿制度应当聚焦损害后果严重的侵权行为，即不仅对受害人的人身、财产造成严重损害，还可能对生态环境造成严重损害甚至不可逆转损害的侵权行为。

第一千二百三十三条 【因第三人的过错污染环境、破坏生态的侵权责任】因第三人的过错污染环境、破坏生态的，被侵权人可以向侵权人请求赔偿，也可以向第三人请求赔偿。侵权人赔偿后，有权向第三人追偿。

条文注解

第三人，是指除污染者与被侵权人之外的第三人，对被侵权人损害的发生具有过错，包括故意和过失。本条规定的是如果污染环境造成损害是由第三人的过错引起的，责任如何承担的问题。这种情况须具备以下两个条件：首先，第三人是指被侵权人和污染者之外的第三人，即第三人不属于被侵权人和污染者任何一方，第三人与受害者和污染者之间不存在法律上的隶属关系，如雇佣关系等。其次，第三人和污染者之间不存在意思联络。如果第三人与污染者有意思联络，则第三人与污染者构成共同侵权，不属于本条规范的适用范围。

本条规范属于不真正连带责任。不真正连带责任，是指多数行为人违反法定义务，对一个受害人实施加害行为，或者不同行为人基于不同的行为而致使受害人的权利受到损害，各个行为人对产生的同一内容的侵权责任，各负全部赔偿责任，并因行为人之一的履行而使全体责任人的责任归于消灭的侵权共同责任形态。

关联法规

《环境保护法》第 96 条，《海洋环境保护法》第 89 条，《国际油污

损害民事责任公约》第3条,《最高人民法院关于审理环境侵权责任纠纷案件适用法律若干问题的解释》第5条

第一千二百三十四条　【生态环境修复责任】违反国家规定造成生态环境损害,生态环境能够修复的,国家规定的机关或者法律规定的组织有权请求侵权人在合理期限内承担修复责任。侵权人在期限内未修复的,国家规定的机关或者法律规定的组织可以自行或者委托他人进行修复,所需费用由侵权人负担。

条文注解

本条构成要件:(1)违反国家规定。根据本条规定,违反国家规定是承担生态环境损害赔偿责任的要件之一。生态环境损害赔偿与一般环境侵权不能等量齐观,两种制度的价值取向有所不同。一般环境侵权注重于私人权益的保护,国家规定的排污标准有可能滞后于社会经济发展,不能放任私人权益遭受侵害。(2)生态环境损害。有损害才有赔偿,生态环境侵权依然要遵守民法这一基本原则。但生态环境损害与一般环境侵权中的损害多有不同,生态环境具有明显的公共属性,是人们赖以生存的基础。(3)因果关系。在环境侵权中,将因果关系举证责任分配给侵权人,主要是考虑到受害人在经济上和专业知识上的不足,侵权人更有举证能力。据此推论,在生态环境损害赔偿诉讼中,国家机关和有关组织作为原告,其实力与环境侵权人相比,显然更为强大,其不仅有公共财政作为支撑,人员、技术能力也更为专业,完全有能力对因果关系进行举证。

根据本条规定,生态环境修复责任承担主要有两种方式:(1)请求侵权人在合理期限内承担修复责任。环境修复并不是简单修补了事,而是具有很强的专业性、技术性和复杂性。修复的目的是使受损的生态环境复原至基线水平,是一种技术目标,一般企业或者个人难以完

成，多数侵权人不具备修复生态环境的能力。侵权人作为始作俑者，是修复责任的当然承担者，权利人有权请求侵权人在合理期限内承担修复责任。(2)自行或者委托他人进行修复。考虑到生态环境保护有及时性、有效性等特点，不能无限期等待侵权人履行修复责任。据此，本条规定，侵权人在期限内未修复的，权利人可以自行或者委托他人履行修复义务。这实际上借鉴了执行程序中代履行制度，所需费用由侵权人承担。从形式上看，完成生态环境修复工程的是权利人或者其委托的第三人，但修复责任仍然由侵权人承担。

第一千二百三十五条 【公益诉讼的赔偿范围】违反国家规定造成生态环境损害的，国家规定的机关或者法律规定的组织有权请求侵权人赔偿下列损失和费用：

（一）生态环境受到损害至修复完成期间服务功能丧失导致的损失；

（二）生态环境功能永久性损害造成的损失；

（三）生态环境损害调查、鉴定评估等费用；

（四）清除污染、修复生态环境费用；

（五）防止损害的发生和扩大所支出的合理费用。

条文注解

生态系统服务功能，是指生态系统通过自身的作用循环提供给人类的效益或者对生态环境的效益，生态系统服务功能包括生态物质提供功能、生态控制功能、生命维持功能与文化欣赏功能等。生态环境修复需要经历较长一段时间，在此期间生态环境服务功能是不完整的。永久性损害指受损生态环境及其服务难以恢复，其向公众或其他生态系统提供服务能力的完全丧失。生态环境损害无法修复的，其赔偿资金作为政府非税收入，全额上缴同级国库，纳入预算管理。赔偿权利人及其指定的部门或机构根据磋商或判决要求,结合本区域生态环境损害情况开展替代修复。生态系统功能的永久性损害只能通过价值估算予以赔偿。生态环境损害调查,是指生态环境损害发生后,权利人为了评估生态环境损害情况进行信息收集的过程。生态环境损害鉴定评估,是指鉴定评估机构通过技术方法对生态环境损害情况、赔偿费用、修复行为、修复效果等进行分析评价的行为。调查、鉴定评估等费用也是由生态环境侵权行为而衍生的费用,应由侵权人赔偿。清除污染费用包括清污方案制定费用、清除污染操作费用;修复生态环境费用则复杂得多,包括修复方案制定费用、修复实施费用。生态环境损害发生后,必须及时采取合理预防、防止损害扩大的措施,将损害控制在最小范围内,也有利于后续治理与修复工作的开展。

关联法规

《最高人民法院关于审理环境民事公益诉讼案件适用法律若干问题的解释》第19、20、23条

第八章　高度危险责任

第一千二百三十六条　【高度危险责任的一般规定】从事高度危险作业造成他人损害的,应当承担侵权责任。

条文注解

"高度危险作业",既包括使用民用核设施、高速轨道运输工具和高压、高空、地下挖掘等高度危险活动,也包括占有、使用易燃、易爆、剧毒、高放射性、强腐蚀性、高致病性等高度危险物的行为。高度危险作业造成他人损害的,应当承担无过错责任。本条规定的"侵权责任"

不仅仅是损害赔偿责任。由于高度危险作业一旦造成损害，可能对周围环境造成很大的危害，因此，作业人不仅在事后应向受害人进行损害赔偿，而且在事发时就应当积极采取停止侵害、消除危险等措施并积极救助受害人，因此，我们在这里强调的是“侵权责任”而不是仅要求高度危险作业人承担赔偿责任。

关联法规

《铁路法》第58条，《电力法》第60条，《民用航空法》第124条

第一千二百三十七条　【民用核设施或者核材料致害责任】民用核设施或者运入运出核设施的核材料发生核事故造成他人损害的，民用核设施的营运单位应当承担侵权责任；但是，能够证明损害是因战争、武装冲突、暴乱等情形或者受害人故意造成的，不承担责任。

条文注解

本条调整的主体是民用核设施或者运入运出核设施的核材料。核设施是指：(1)核电厂、核热电厂、核供汽供热厂等核动力厂及装置；(2)核动力厂以外的研究堆、实验堆、临界装置等其他反应堆；(3)核燃料生产、加工、贮存和后处理设施等核燃料循环设施；(4)放射性废物的处理、贮存、处置设施。核材料是指：(1)铀-235材料及其制品；(2)铀-233材料及其制品；(3)钚-239材料及其制品；(4)法律、行政法规规定的其他需要管制的核材料。核事故，是指核设施内的核燃料、放射性产物、放射性废物或者运入运出核设施的核材料所发生的放射性、毒害性、爆炸性或者其他危害性事故，或者一系列事故。核设施营运单位，是指在中华人民共和国境内，申请或者持有核设施安全

许可证,可以经营和运行核设施的单位。民用核设施或者运入运出核设施的核材料发生核事故的致害责任,实行无过错责任原则。只有能够证明损害是因战争、武装冲突、暴乱等情形或者受害人故意造成的,民用核设施的营运单位才可以不承担责任。

关联法规

《核安全法》第93条,《放射性污染防治法》第59、62条

第一千二百三十八条 【民用航空器致害责任】民用航空器造成他人损害的,民用航空器的经营者应当承担侵权责任;但是,能够证明损害是因受害人故意造成的,不承担责任。

条文注解

民用航空器,是指除用于执行军事、海关、警察等飞行任务外的航空器。"经营者"主要包括从事运输旅客、货物运输的承运人和从事通用航空的民用航空器使用人。从事旅客、货物运输的承运人主要是公共航空运输企业。公共运输企业运送旅客的,应当出具客票,客票是航空旅客运输合同订立和运输合同条件的初步证据。公共运输企业运送货物的,应当与托运人订立合同,接受托运人出具的航空货运单,航空货运单是航空货物运输合同订立和承运人接收货物的初步证据。公共运输企业应当按照约定将旅客、货物及时送到目的地。从事通用航空的民用航空器的使用人,在组织实施作业飞行时,应当采取有效措施,保证飞行安全,保护环境和生态平衡,防止对环境、居民、作物或者牲畜等造成损害。民用航空器造成他人损害的,包括两种情形:一种情形是民用航空器在从事旅客、货物运输过程中,对所载运的旅客、货物造成的损害。另一种情形是民用航空器对地面第三人的人身、财

产造成的损害。民用航空器作为一种高速运输工具,《民法通则》和《民用航空法》都规定了民用航空器的经营者应当承担无过错责任。

因货物本身的自然属性、质量或者缺陷造成的货物毁损,承运人不承担责任。在旅客、行李运输中,承运人能够证明损失是由旅客过错造成的,可以相应免除或者减轻承运人的赔偿责任。因武装冲突直接造成飞行中民用航空器对地面第三人损害的,民用航空器经营者不承担责任。

关联法规

《民用航空法》第124~172条

第一千二百三十九条　【占有或使用高度危险物致害责任】占有或者使用易燃、易爆、剧毒、高放射性、强腐蚀性、高致病性等高度危险物造成他人损害的,占有人或者使用人应当承担侵权责任;但是,能够证明损害是因受害人故意或者不可抗力造成的,不承担责任。被侵权人对损害的发生有重大过失的,可以减轻占有人或者使用人的责任。

条文注解

本条调整的高度危险物,不仅仅涉及易燃、易爆、剧毒、高放射性、强腐蚀性、高致病性等这几类,其他因其自然属性极易危及人身、财产的物品也适用本条的规定。在高度危险责任中,由于其归责的基础在于危险的存在,因此,责任的承担者原则上是控制或者应当控制该危险的人。高度危险物本身具有危及他人人身、财产的自然属性,但往往是在占有和使用当中造成他人损害。这里的“占有”和“使用”包括生产、储存、运输高度危险品以及将高度危险品作为原料或者工具进行生产等行为。

本条规定,能够证明损害是因受害人故意或者不可抗力造成的,占有人或者使用人不承担责任。本条规定这一免责事由主要考虑以下两点:第一,高度危险物虽然本身具有危险属性,但危险程度不及民用核设施和民用航空器,因此,在不承担责任和减轻责任的情形上,应有所区别。第二,本条规定不可抗力作为不承担责任情形,符合实践中的实际情况。需要指出的是,不承担责任情形的举证责任在于占有人或者使用人,由其来证明损害是因为受害人故意或者不可抗力引起的,才能依法不承担责任。本条还明确规定了减轻责任的情形:被侵权人对损害的发生有重大过失的,可以减轻占有人或者使用人的责任。本条将减轻责任的情形,严格限定在受害人的"重大过失",受害人有一般过失的,不能减轻占有人或者使用人的赔偿责任。"重大过失"可以在实践中根据占有人或者使用人是否已经尽到注意义务、受害人行为方式、因果关系等因素作具体判断。

关联法规

《放射性污染防治法》第31、59、62条,《安全生产法》第111、112条

第一千二百四十条　【从事高空、高压、地下挖掘活动或者使用高速轨道运输工具致害责任】从事高空、高压、地下挖掘活动或者使用高速轨道运输工具造成他人损害的,经营者应当承担侵权责任;但是,能够证明损害是因受害人故意或者不可抗力造成的,不承担责任。被侵权人对损害的发生有重大过失的,可以减轻经营者的责任。

关联法规

《安全生产法》第111、112条,《电力法》第60条

第一千二百四十一条 【遗失、抛弃高度危险物致害责任】遗失、抛弃高度危险物造成他人损害的，由所有人承担侵权责任。所有人将高度危险物交由他人管理的，由管理人承担侵权责任；所有人有过错的，与管理人承担连带责任。

关联法规

《安全生产法》第111、112条

第一千二百四十二条 【非法占有高度危险物致害责任】非法占有高度危险物造成他人损害的，由非法占有人承担侵权责任。所有人、管理人不能证明对防止非法占有尽到高度注意义务的，与非法占有人承担连带责任。

条文注解

非法占有高度危险物造成他人损害的，由非法占有人承担侵权责任。所谓非法占有，是指明知自己无权占有，而通过非法手段将他人的物品占为已有。现实中，盗窃、抢劫、抢夺都是非法占有的主要形式。按照高度危险物致害责任原理，一般由实际控制人承担侵权责任。在高度危险物被非法占有的情况下，高度危险物已经脱离所有人或者管理人的实际占有，由非法占有人实际控制。因此，应当由非法占有人承担侵权责任。为了加重非法占有人的责任，非法占有高度危险物造成他人损害的，非法占有人承担无过错责任，而所有人、管理人不能证明对防止非法占有尽到高度注意义务的，与非法占有人承担连带责任。

需要指出的是，是否尽到高度注意义务的举证责任在所有人、管理人，如果他们不能证明已尽到高度注意义务，就推定其有过错，应当与非法占有人承担连带责任，受害人可以要求所有人、管理人、非法占有人中的任何人，承担部分或者全部侵权责任。

第一千二百四十三条　【高度危险场所安全保障责任】未经许可进入高度危险活动区域或者高度危险物存放区域受到损害，管理人能够证明已经采取足够安全措施并尽到充分警示义务的，可以减轻或者不承担责任。

条文注解

本条是在《侵权责任法》第 76 条的基础上修改完善而来，需要看到高度危险责任的类型非常复杂，一般来说，对于高度危险作业活动，即高度危险作业人积极、主动地对周围环境实施的具有高度危险的活动，作业人应当承担无过错责任。无过错责任非常重要的一个特点，就是它的免责或者减责事由仅限于法律规定，即只有在法律明文规定不承担责任或者减轻责任的情况下，作业人才可以提出抗辩。否则，即使存在本法规定的对于其他侵权责任一般适用的不承担责任或者减轻责任的情形，高度危险作业人仍然无法减轻或者免除责任。但是，高度危险责任中除了这一类对周围环境实施积极、主动危险活动的高度危险作业外，还包括另一类，它并非积极、主动实施对周围环境造成高度危险的活动，而是因其管理控制的场所、区域具有高度危险性，如果未经许可擅自进入该区域，则易导致损害的发生，即高度危险活动区域或者高度危险物存放区域责任。如果将对高度危险场所、区域的控制和管理也视为高度危险活动，那么这一类高度危险活动是静态的，不像高度危险作业活动一样对周围环境实施了积极、主动的危险。虽然二者都属于高度危险责任，但在免责和减责事由上，二者应有所区别。因此，本条规定，未经许可进入高度危险活动区域或者高度危险物存放区域受到损害，管理人能够证明已经采取足够安全措施并尽到充分警示义务的，可以减轻或者不承担责任。

第一千二百四十四条　【高度危险责任赔偿限额】承担高度危险责任，法律规定赔偿限额的，依照其规定，但是行为人有故意或者重大过失的除外。

条文注解

高度危险责任属于无过错责任，其重要特点之一就是无论行为人对损害的发生是否具有过错，高度危险责任人都必须对损害承担责任，除非法律另有规定。具体有：(1)民用航空器致人损害的赔偿限额；(2)民用核设施发生核事故致人损害的赔偿限额；(3)高度危险责任赔偿限额。

关联法规

《海商法》第210~213条，《民用航空法》第128~130、132条，《国务院关于核事故损害赔偿责任问题的批复》第7项

第九章　饲养动物损害责任

第一千二百四十五条　【饲养动物致害责任的一般规定】饲养的动物造成他人损害的，动物饲养人或者管理人应当承担侵权责任；但是，能够证明损害是因被侵权人故意或者重大过失造成的，可以不承担或者减轻责任。

条文注解

在各类侵权行为中，饲养动物致人损害是一种特殊的形式，是一种间接侵权引发的直接责任，加害行为是人的行为与动物的行为的复

合。人的行为是指人对动物的所有、占有、饲养或者管理行为。动物的行为是直接的加害行为。这两种行为相结合，才能构成侵权行为。

(1)饲养的动物致人损害的归责原则是无过错责任。一旦这种危险性造成损害，动物的饲养人或者管理人就应承担民事责任，除具有法定的抗辩事由外，不能免责。(2)饲养的动物必须是能够为人所占有或者控制的动物。对于自然保护区或者野生动物保护区的野兽，虽然人们可能在一定程度上对其进行饲养或者管理，如定期投放食物，甚至为其生存和繁殖提供了适宜的条件和环境，但人们对它的控制力较低。因此，野生动物不属于本法中的“饲养的动物”。(3)动物的饲养人或者管理人都是责任主体。动物的饲养人是指动物的所有人，即对动物享有占有、使用、收益、处分权的人；动物的管理人是指实际控制和管束动物的人，管理人对动物不享有所有权，而只是根据某种法律关系直接占有和控制动物。(4)饲养的动物造成他人损害的，动物饲养人或者管理人应当承担侵权责任；但能够证明损害是因被侵权人故意或者重大过失造成的，动物饲养人或者管理人可以不承担或者减轻责任，表明了本条适用举证责任倒置。动物饲养人或者管理人如果想要减轻或者不承担责任，就必须证明被侵权人的损害是因为他自己的故意或者重大过失造成的。如果举证不足或者举证不能，动物饲养人或者管理人就应承担动物致害的赔偿责任。

关联法规

《野生动物保护法》第2、19条

第一千二百四十六条　【违反规定未对动物采取安全措施致害责任】违反管理规定，未对动物采取安全措施造成他人损害的，动物饲养人或者管理人应当承担侵权责任；但是，能够证明损害是因被侵权人故意造成的，可以减轻责任。

条文注解

随着饲养宠物的人数不断增多，社会上无序养宠物、违规养宠物的情况日益突出，动物伤人的事件呈逐年上升趋势。基于这一问题的严重性，为维护公民的人身和财产安全，对动物致人损害的侵权责任作了严格的规定。违反管理规定，未对动物采取安全措施造成他人损害的，动物饲养人或者管理人应当承担侵权责任。这一条并未规定免责事由，即使被侵权人对损害的发生有过失，动物饲养人或者管理人也不能减轻责任或者不承担责任。动物饲养人或者管理人不仅要对动物本身负责，还要对社会负责，履行相关法律规定的义务。在违反管理规定的情况下免除动物饲养人或者管理人的责任显然是不合适的，但是可以适当减轻其责任。该规定同样是举证责任倒置。

第一千二百四十七条　【禁止饲养的危险动物致害责任】禁止饲养的烈性犬等危险动物造成他人损害的，动物饲养人或者管理人应当承担侵权责任。

条文注解

为确保公民的人身安全，本条对动物伤人的侵权行为作出了非常严格的规定，只要违反管理规定饲养了烈性犬等危险动物，并造成他人损害的，动物饲养人或者管理人就应当承担侵权责任，没有任何的免责事由可以援引。在烈性犬等危险动物潜伏种种危险的情况下，让它的饲养人或者管理人承担更加严格的责任是对社会、对公众负责的态度。本条规定了如此严格的责任就是引导饲养危险动物的人认识到自己的社会责任和法律责任，为动物、为自己、为他人着想，不要违反规定饲养危险动物。

关联法规

《野生动物保护法》第19条

第一千二百四十八条　【动物园的动物致害责任】动物园的动物造成他人损害的，动物园应当承担侵权责任；但是，能够证明尽到管理职责的，不承担侵权责任。

条文注解

本条适用过错推定责任，动物园负有高度注意义务，只有能够证明已经采取足够的安全措施，并尽到充分的警示义务，才能认定为没有过错。如果动物园能够证明设施、设备没有瑕疵，有明显的警示牌，管理人员对游客挑逗、投打动物或者擅自翻越栏杆靠近动物等行为进行了劝阻，该尽的管理职责已经尽到了，那么动物园就可以不承担侵权责任。

第一千二百四十九条　【遗弃、逃逸的动物致害责任】遗弃、逃逸的动物在遗弃、逃逸期间造成他人损害的，由动物原饲养人或者管理人承担侵权责任。

条文注解

动物的遗弃，是指动物饲养人抛弃了动物。逃逸的动物，是指饲养人暂时地丧失了对该动物的占有和控制。无论动物饲养人或者管理人遗弃动物，还是未尽到管理责任致使动物逃逸，其行为都加剧了动物对人和社会的危险性，而损害的事实正是由于动物在失去人为的管理和控制下任意流动的危险性所导致。因此，为了社会公众利益，为了充分保护被侵权人利益，遗弃、逃逸动物的原饲养人或者管理人应当对自己遗弃动物，以及疏于管理没有尽到管理义务的行为承担责任。

第一千二百五十条 【因第三人的过错致使动物致害责任】因第三人的过错致使动物造成他人损害的，被侵权人可以向动物饲养人或者管理人请求赔偿，也可以向第三人请求赔偿。动物饲养人或者管理人赔偿后，有权向第三人追偿。

条文注解

第三人的过错是指被侵权人和动物饲养人或者管理人以外的人对动物造成损害有过错。第三人的过错在大多数场合表现为：有意挑逗、投打、投喂、诱使动物，其后果致使他人受到人身或者财产的损害，其实质是实施了诱发动物致害的行为。本条赋予了被侵权人以选择权。因第三人的过错致使动物造成被侵权人损害的，被侵权人既可以请求第三人承担赔偿责任，也可以请求动物饲养人或者管理人承担赔偿责任。这样规定，就可以使被侵权人根据具体情况要求赔偿。本条还赋予了动物饲养人或者管理人以追偿权。动物饲养人或者管理人对被侵权人赔偿后，有权向第三人追偿。动物饲养人或者管理人之所以享有追偿权，是因为动物饲养人或者管理人实际上是代替第三人履行了赔偿义务，在动物饲养人或者管理人与第三人之间，第三人仍然是责任的最终承担者。法律允许动物饲养人或者管理人在赔偿了被侵权人的损害后向第三人进行追偿，一方面有利于被侵权人及时获得救济，另一方面也是维护动物饲养人或者管理人自身权益的一项重要手段。

第一千二百五十一条 【饲养动物应履行的义务】饲养动物应当遵守法律法规，尊重社会公德，不得妨碍他人生活。

条文注解

饲养的动物伤害别人、滋事扰民、污染环境的，会对他人和社会造成侵扰。动物的一切行为约束靠动物饲养人或者管理人的管制。本条规定，饲养动物应当遵守法律法规，尊重社会公德，不得妨碍他人生活。动物饲养人应该意识到自己担负着遵守社会公德和保护公共环境的双重社会责任，不能放任宠物侵扰他人的正常生活。动物饲养人应当自觉规范自己的行为，应该按照规定饲养动物。

第十章 建筑物和物件损害责任

第一千二百五十二条 【建筑物、构筑物或者其他设施倒塌、塌陷致害责任】建筑物、构筑物或者其他设施倒塌、塌陷造成他人损害的，由建设单位与施工单位承担连带责任，但是建设单位与施工单位能够证明不存在质量缺陷的除外。建设单位、施工单位赔偿后，有其他责任人的，有权向其他责任人追偿。

因所有人、管理人、使用人或者第三人的原因，建筑物、构筑物或者其他设施倒塌、塌陷造成他人损害的，由所有人、管理人、使用人或者第三人承担侵权责任。

条文注解

本条所说的倒塌、塌陷，是指建筑物、构筑物或者其他设施坍塌、倒覆，造成该建筑物、构筑物或者其他设施丧失基本使用功能。本条第1款规定，本款对建筑物、构筑物或者其他设施倒塌、塌陷造成他人损害规定了两个责任主体：(1)建设单位。通常情况下，建设单位依法取得土地使用权，在该土地上建造建筑物、构筑物或者其他设施，是建设工程合同的总发包人。在实践中，房地产开发企业、机关和工厂是比较常见的建设单位。建设单位是建设工程合同的发包人，通过选择、确定勘察单位、设计单位、施工单位和监理单位等，参与工程建设的很多环节，对建设工程的质量有很大的影响。(2)施工单位。施工单位与建设单位或者其他发包人签订建设工程合同，对建设工程进行施工。在实践中，建筑公司是比较常见的施工单位。建设工程施工企业要符合法律、法规规定的条件。在不存在工程质量缺陷的情况下，建设单位与施工单位不承担连带责任。“其他责任人”，主要包括以下范围：一是勘察单位、设计单位等。二是监理单位。三是勘察、设计、监理单位以外的责任人。

本条第2款规定，如果建筑物等设施倒塌、塌陷是因超过合理使用期限、业主擅自改变承重结构等特殊情形造成的，被侵权人可以根据本条第2款的规定，依法直接请求造成建筑物等设施倒塌、塌陷的所有人、管理人、使用人或者第三人承担侵权责任。

关联法规

《刑法》第137、138条，《建筑法》第55、56、58、60、62、66、67、69、70、73、75、79、80条，《文物保护法》第21条，《物业管理条例》第55条，《建设工程质量管理条例》第5、26、27、32、36、39、41、42、58、63~67、69条，《最高人民法院关于审理建设工程施工合同纠纷案件适用法律问题的解释》第12、27条

第一千二百五十三条　【建筑物、构筑物或者其他设施及其搁置物、悬挂物脱落、坠落致害责任】建筑物、构筑物或者其他设施及其搁置物、悬挂物发生脱落、坠落造成他人损害，所有人、管理人或者使用人不能证明自己没有过错的，应当承担侵权责任。所有人、管理人或者使用人赔偿后，有其他责任人的，有权向其他责任人追偿。

条文注解

本条采用过错推定原则。所有人、管理人或者使用人赔偿后，有其他责任人的，有权向其他责任人追偿。其他责任人是指所有人、管理人或者使用人之外的对损害的发生负有责任的人。建筑物、构筑物或者其他设施及其搁置物、悬挂物脱落、坠落造成他人损害，所有人、管理人或者使用人不能证明自己没有过错的，应当对被侵权人承担侵权责任。在实践中，有时损害的发生除了与所有人、管理人或者使用人的过错有关外，还与其他人有关，只是该其他人不直接对被侵权人承担侵权责任。但是，所有人、管理人或者使用人向被侵权人赔偿后，有权向该其他责任人追偿。

关联法规

《最高人民法院关于民事诉讼证据的若干规定》第4条

第一千二百五十四条　【不明抛掷物、坠落物致害责任】禁止从建筑物中抛掷物品。从建筑物中抛掷物品或者从建筑物上坠落的物品造成他人损害的，由侵权人依法承担侵权责任；经调查难以确定具体侵权人的，除能够证明自己不是侵权人的外，由可能加害的建筑物使用人给予补偿。可能加害的建筑物使用人补偿后，有权向侵权人追偿。

物业服务企业等建筑物管理人应当采取必要的安全保障措施防止前款规定情形的发生；未采取必要的安全保障措施的，应当依法承担未履行安全保障义务的侵权责任。

发生本条第一款规定的情形的，公安等机关应当依法及时调查，查清责任人。

条文注解

本条第1款开宗明义,规定禁止从建筑物中抛掷物品。我国的民事法律规范极少使用“禁止”性的表述,盖因民事法律是调整平等主体之间权利义务的规范,以自由意志为导向。本条中这一禁止性规定,是对从建筑物中抛掷物品行为的严厉谴责和禁止。如果物体并非从建筑物中抛掷或坠落,不适用该规定。从建筑物中抛掷物品或者从建筑物上坠落的物品造成他人损害的,应当由侵权人依法承担侵权责任,这是过错责任的体现。只有难以确定具体侵权人的,才适用本条的补偿规定。难以确定具体侵权人,是指无法确定物品具体是从哪一个房间抛掷、坠落的,因此无法确定具体的侵权人。本条规定的建筑物使用人,是指在侵权行为发生时建筑物的实际使用人。建筑物使用人在建筑物内进行活动,控制、管理着建筑物和建筑物内的物品,建筑物抛掷物、坠落物致人损害,经调查确实无法确定具体侵权人时,在他们中间确定可能的侵权人,符合社会生活实践经验。使用人包括使用建筑物的所有权人、承租人、借用人以及其他使用建筑物的人。本条采用举证责任倒置。根据本条规定,无法确定具体的侵权人的,由被侵权人证明自己是被建筑物上的抛掷物、坠落物所伤害,由建筑物使用人证明自己不是侵权人。建筑物使用人不能证明自己不是侵权人的,要对被侵权人受到的损害进行补偿。如果有证据能够确定具体的侵权人,则其他可能加害的建筑物使用人无须再举证证明自己不是侵权人。发现真正侵权人后,承担了补偿责任的建筑物使用人具有追偿权。由可能加害的建筑物使用人对被侵权人给予补偿的,各个可能加害的建筑物使用人之间不承担连带责任,而是按份分别对被侵权人进行补偿。

本条第2款规定,物业服务企业与业主签订物业服务合同,应当履行合同约定的义务。物业服务企业具有一定的安全保障义务,物业服务企业等建筑物管理人应当采取必要的安全保障措施防止前款规定情形的发生;未采取必要的安全保障措施的,应当依法承担未履行安全保障义务的侵权责任。

根据本条第3款的规定，从建筑物中抛掷物品或者从建筑物上坠落的物品造成他人损害的，公安等机关应当依法及时调查，查清责任人。公安等机关是具有侦查权的机关。

第一千二百五十五条　【堆放物倒塌、滚落或者滑落致害责任】堆放物倒塌、滚落或者滑落造成他人损害，堆放人不能证明自己没有过错的，应当承担侵权责任。

条文注解

堆放物，是指堆放在土地上或者其他地方的物品。堆放物须非固定在其他物体上，如建筑工地上堆放的砖块、木料场堆放的原木等。本条所说的倒塌、滚落或者滑落，包括堆放物整体或者部分的倒塌、脱落、坠落、滑落、滚落等。本条采用过错推定原则，堆放人不能证明自己没有过错的，承担侵权责任。因地震灾害致使堆放物品倒塌、滚落、滑落致人损害的，所有人或者管理人不承担赔偿责任。但仍然需要堆放人举证证明自己对堆放物倒塌致人损害没有过错，堆放人不能证明自己没有过错的，仍然要承担侵权责任。

关联法规

《最高人民法院关于处理涉及汶川地震相关案件适用法律问题的意见(二)》第9条

第一千二百五十六条　【在公共道路上堆放、倾倒、遗撒妨碍通行的物品致害责任】在公共道路上堆放、倾倒、遗撒妨碍通行的物品造成他人损害的，由行为人承担侵权责任。公共道路管理人不能证明已经尽到清理、防护、警示等义务的，应当承担相应的责任。

条文注解

公共道路，是指公共通行的道路。本条规定的堆放、倾倒、遗撒妨碍通行物，是指在公共道路上堆放、倾倒、遗撒物品，影响他人对该公共道路正常、合理的使用。在公共道路上堆放、倾倒、遗撒妨碍通行的物品的主体大致可分为两类：一类是具体实施该行为的侵权人。任何人都应当遵守道路管理规则，避免在道路上堆放、倾倒、遗撒妨碍通行物，在公共道路上堆放、倾倒、遗撒妨碍通行物造成他人损害的，应当由行为人承担责任。另一类是对公共道路具有养护、管理职责的主体。公共道路涉及公共安全，公共道路管理人对道路的管理职责中当然就包括了防止因第三人的堆放、倾倒、遗撒等行为造成他人损害的法定义务。为了保障公共道路具有良好的使用状态，公共道路的管理、维护者要及时发现道路上出现的妨碍通行的情况并采取清理、防护、警示等合理的措施。如果没有尽到这种义务，应在未尽到职责的范围内承担相应的侵权责任。

关联法规

《公路法》第46条，《道路交通安全法》第48条

第一千二百五十七条　【林木折断、倾倒或者果实坠落等致人损害的侵权责任】因林木折断、倾倒或者果实坠落等造成他人损害，林木的所有人或者管理人不能证明自己没有过错的，应当承担侵权责任。

条文注解

本条所说的林木，包括自然生长和人工种植的林木，并未限定林木生长的地域范围，林地中的林木、公共道路旁的林木以及院落周围零星生长的树木等折断、倾倒或者果实坠落造成他人损害，林木的所

有人或者管理人不能证明自己没有过错的，均要承担侵权责任。当然，根据林木生长的具体情况，认定林木所有人或者管理人的过错应有所区别。林木造成他人损害，不仅包括林木枝蔓等的掉落造成他人损害，还包括其他情形，如实践中出现的椰树果实坠落砸伤路人、树木倒伏压坏路旁汽车等。对于折断、倾倒或者果实坠落等造成他人损害，适用过错推定的归责原则，林木的所有人或者管理人不能证明自己没有过错的，应当承担侵权责任。所有人或者管理人要证明自己没有过错，通常要证明其对林木已经尽到了管理、维护的义务。如果林木的折断完全是因自然原因、第三人或者受害人的过错造成，林木的所有人或者管理人能够证明自己没有过错的，不承担侵权责任。

关联法规

《森林法》第20条

第一千二百五十八条 【公共场所或者道路上施工致害责任和窨井等地下设施致害责任】在公共场所或者道路上挖掘、修缮安装地下设施等造成他人损害，施工人不能证明已经设置明显标志和采取安全措施的，应当承担侵权责任。

窨井等地下设施造成他人损害，管理人不能证明尽到管理职责的，应当承担侵权责任。

条文注解

对本条第1款的规定，在公共场所或者道路上施工，是指在公共场所或者道路上挖坑、修路、修缮安装地下设施等，如架设电线、铺设管道、维修公路、修缮下水道等。在公共场所或者道路上施工，应当取得有关管理部门的许可，必须设置明显的警示标志和采取有效的安全措施，具体包括：第一，设置的警示标志必须具有明显性。第二，施工人要保证警示标志的稳固并负责对其进行维护，使警示标志持续地存在于施工期间。第三，仅设置明显的标志不足以保障他人的安全的，施工人还应当采取其他有效的安全措施。公共场所或者道路施工致人损害的责任人是施工人。施工人直接控制着施工场地，因此应当承担对施工场地的管理和维护义务，保障他人的安全。施工人是指组织施工的单位或者个人，而非施工单位的工作人员或者个体施工人的雇员。施工人一般是承包或者承揽他人的工程进行施工的单位或者个人，有时也可能是为自己的工程施工的人。本款采用过错推定归责原则，施工人不能证明已经设置明显标志和采取安全措施的，应当承担侵权责任。

对本条第2款的规定，窨井是指上下水道或者其他地下管线工程中，为便于检查或疏通而设置的井状构筑物。其他地下设施包括地窖、水井、下水道以及其他地下坑道等。窨井等地下设施的管理人，是指负责对该地下设施进行管理、维护的单位或者个人。窨井等地下设施致人损害时，适用过错推定归责原则，有利于保护被侵权人的利益，也有利于促使地下设施的管理人认真履行职责，确保窨井等地下设施的安全，保护公众合法权益。

关联法规

《道路交通安全法》第32、104条，《公路法》第32条，《城市道路管理条例》第23、24、35条

实用问题

第一章 一般规定

1. 侵权行为主要是指对哪些民事权益的侵害？

侵权行为是指侵害民事主体相关民事权益的行为。这些民事权益具体包括自然人和法人的人身和财产权益，如自然人的生命权、健康权、婚姻自主权、肖像权、隐私权，自然人和法人的姓名权（名称权）、名誉权、荣誉权、著作权、专利权、商标权等。日常生活中，我们经常看到某个公司未经明星本人同意使用其照片进行广告宣传，小说作者控告他人抄袭自己作品，病人因对医院的治疗不满而发生纠纷，宠物伤人等，这些事件都可能涉及侵害自然人、法人民事权益的情况。

2. 通常情况下，侵权行为的构成需要满足哪些要件？

《民法典》第1165条规定，行为人因过错侵害他人民事权益造成损害的，应当承担侵权责任。按照法律的规定，构成侵权至少要符合以下条件：(1)构成侵权需要有侵权行为，既可以是行为人积极实施某种行为对他人造成侵害，也可以是行为人自身有为某种行为的义务却没有为相应的行为给他人造成侵害。(2)一般要求行为人存在过错或者过失，但也有一些侵权行为采取特殊的归责原则不要求考虑行为人的主观心理。(3)行为人的行为给受害人造成了侵害，这个侵害既可以是财产损失也可以是人身伤害。(4)行为人的行为与受害人的伤害之间存在因果关系。即受害人的伤害是由于行为人的行为造成的。

3. 侵权案件中是不是都实行“谁主张，谁举证”的原则？

一般人认为打官司讲究“谁主张，谁举证”，一个人要想证明他人侵害了自己的合法民事权益，就必须向法院提交充分的证据来证明自己的主张，被告通常则无须提供证据证明自己没做过或只是无心之过。但是在法律中还有一些适用过错推定责任的情况，在这种情况下举证责任发生了倒置，此时如果被告认为自己不应承担责任则必须自己来举证证明。也就是说，当出现法定的侵权事实时，法律推定行为人有过错，被侵权人则免除了证明行为人有过错的举证责任，行为人则承担加重了的举证责任，法律之所以这样规定是为了在特殊情况下能更好地保护被侵权人的合法权益。根据《民法典》第1165条规定，行为人因过错侵害他人民事权益造成损害的，应当承担侵权责任。依照法律规定推定行为人有过错，其不能证明自己没有过错的，应当承担侵权责任。

4. 在哪些情况下侵权案件适用过错推定原则？

过错推定原则是指在侵权行为中，被侵权人能证明侵权人违法行为与损害事实之间存在因果关系的情况下，如果侵权人不能证明对于损害的发生自己无过错，那么就推定侵权人有过错，并为此承担相应的侵权责任。依据《民法典》第1199条、第1222条、第1248条、第1253条、第1255条、第1257条的规定，适用过错推定责任的情况主要有：(1)无民事行为能力人在幼儿园、学校或者其他教育机构学习、生活期间受到人身损害的。(2)医疗机构违反法律、行政法规、规章以及其他有关诊疗规范的规定，隐匿或拒绝提供与纠纷有关的病历资料或者遗失、伪造、篡改或违法销毁病历资料，造成患者在诊疗活动中受到损害的。(3)动物园饲养的动物致人损害。(4)建筑物、构筑物或者其他设施及其搁置物、悬挂物发生脱落、坠落造成他人损害。(5)堆放物倒塌、滚落或者滑落造成他人损害。(6)因林木折断、倾倒或者果实坠落等造成他人损害。

5. 行为人没有过错的情况下也会承担侵权责任吗？

通常情况下在侵权行为中，行为人对损害的发生有过错才承担责任,如果没有过错则不需要承担责任,但是在一些特殊的情况下,即使行为人对损害的发生完全没有过错,但依然要承担侵权责任,即适用无过错责任。《民法典》第 1166 条规定,行为人造成他人民事权益损害,无论行为人有无过错,法律规定应当承担侵权责任的,依照其规定。也就是说,在法律有特别规定的情况下,即便侵权人没有过错,只要满足法律所规定的条件,仍需承担相应的侵权责任。无过错责任适用于损害后果的发生为不可归责于双方当事人所导致的场合,在无过错责任中,任何一方当事人在主观上并不存在故意或者过失,行为人是否承担责任也并不取决于他有无过错而取决于他的行为与损害后果之间是否有因果关系。依据《民法典》第 1188 条、第 1190 条、第 1191 条、第 1192 条、第 1229 条、第 1236 条、第 1245 条的规定,适用无过错责任的情况主要有:(1)无民事行为能力人、限制民事行为能力人致人损害的,监护人承担无过错责任。(2)完全民事行为能力人因醉酒、滥用麻醉药品或者精神药品对自己的行为暂时没有意识或者失去控制造成他人损害的,行为人承担无过错责任。(3)用人单位的工作人员因执行工作任务造成他人损害的,由用人单位承担无过错责任。(4)个人之间形成劳务关系,提供劳务一方因劳务造成他人损害的,由接受劳务一方承担无过错责任。(5)因污染环境、破坏生态造成他人损害的,侵权人应当承担无过错责任。(6)从事高度危险作业造成他人损害的,适用无过错责任。(7)饲养的动物造成他人损害的,动物饲养人或者管理人承担无过错责任。

6. 行为人因买卖公民个人信息要承担刑事、民事等多种责任,此时如果出现行为人财产不足以完全支付的情况,支付顺序如何确定?

行为人买卖公民个人信息的行为属于侵害公民隐私权的侵权行为,要承担相应的侵权责任,另外,如果情节严重还可能要承担相应的刑事责任。例如，《刑法》第253条就规定，“违反国家有关规定，向他人出售或者提供公民个人信息，情节严重的，处三年以下有期徒刑或者拘役，并处或者单处罚金；情节特别严重的，处三年以上七年以下有期徒刑，并处罚金”。在行为人可能因为其侵害行为要同时承担民事责任、行政责任甚至刑事责任，要支付赔偿金、罚款还有罚金的情况下，就会发生数种责任的竞合如何处理的问题。根据《民法典》第187条的规定，民事主体因同一行为应当承担民事责任、行政责任和刑事责任的，承担行政责任或者刑事责任不影响承担民事责任；民事主体的财产不足以支付的，优先用于承担民事责任。举例来说，王某的个人财产总共只有2万元人民币，当他因买卖公民个人信息面临刑事和民事责任，要承担1万元的罚金和1.5万元侵权赔偿金时，显然他的财产不足以完全支付，此时就应首先支付1.5万元的民事侵权赔偿金，剩余的才支付罚金。

7. 教唆他人实施侵权行为需要承担什么后果？

现实生活中有些人往往采取教唆、挑拨的方式怂恿他人去实施侵害行为，更为可恶的是有些人会利用未成年人、精神病人心智不成熟、不健全的特点教唆其实施侵害，妄图通过这种方式达到自己既害了人又不用担责的丑恶目的。《民法典》第1169条明确规定，教唆、帮助他人实施侵权行为的，应当与行为人承担连带责任。教唆、帮助无民事行为能力人、限制民事行为能力人实施侵权行为的，应当承担侵权责任；该无民事行为能力人、限制民事行为能力人的监护人未尽到监护职责的，应当承担相应的责任。依据此规定，对于教唆者来说可能面对两种后果，一种后果是如果他教唆的是心智健全的成年人，也就是完全民事行为能力人，那教唆者与行为人构成共同侵权人，要共同对侵害后果负责，承担连带责任；另一种后果是如果教唆的是未成年人、精神病人等无民事行为能力人和限制民事行为能力人，通常由教唆者单独承担全部侵权责任。另外,如果该无民事行为能力人、限制民事行为能力人的监护人未尽到监护职责,也要承担相应的责任。

8. 在侵权案件中教唆行为如何认定?

教唆他人实施侵权行为通常需要满足三个构成要件:一是教唆人以积极的作为的方式实施了教唆行为,这是构成教唆侵权的核心要件。例如,通过对他人进行所谓开导、说服,或通过刺激、利诱等方法唆使他人产生侵权意图并实施侵权行为,消极的不作为不能成立教唆行为。教唆的方式可以是口头、书面或其他形式,可以是当面教唆也可以是通过他人传信的方式间接教唆。二是教唆人具有教唆的主观故意,教唆行为一定是教唆者在心理上故意为之,不存在过失和放任的心理。三是被教唆人实施了相应的侵权行为,侵权行为与教唆行为之间存在内在联系。如果被教唆人没有实施侵害行为或者没有实施被教唆的侵害行为,那么就不能要求教唆人承担侵权责任,只能在道德上进行谴责。另外,由于教唆行为往往是以口头等不易查证的方式实施,在现实中认定往往比较困难,需要法官在具体案例中结合各种事实加上日常生活经验、逻辑等进行综合判断。例如,在涉及专利权侵权案例中,如果行为人未经专利权人许可,为生产经营目的以提供图纸、产品说明书,传授技术方案,进行产品演示等方式,积极诱导他人实施侵犯专利权行为,且他人实际实施了侵犯专利权的行为,就可以认定行为人的诱导行为构成教唆他人实施侵犯专利权行为。

9. 在有多个侵权人的情况下,侵权责任如何划分和承担?

在存在多个侵权人的情况下,各侵权人可能承担按份责任或者连带责任。按份责任是指各个侵权人按照自己应承担的份额来对受害人进行赔偿,对其他侵权人的应赔偿份额不负责。例如,《民法典》第1172 条就规定,二人以上分别实施侵权行为造成同一损害,能够确定责任大小的，各自承担相应的责任；难以确定责任大小的，平均承担责任。而连带责任是指每个侵权人都有负担全部赔偿的责任，其内部的份额分担对受害人无效，单个侵权人可以在赔偿受害人之后向其他需要承担责任的侵权人追偿。《民法典》第1168条规定，二人以上共同实施侵权行为，造成他人损害的，应当承担连带责任。第1170条规定，二人以上实施危及他人人身、财产安全的行为，其中一人或者数人的行为造成他人损害，能够确定具体侵权人的，由侵权人承担责任；不能确定具体侵权人的，行为人承担连带责任。第1171条规定，二人以上分别实施侵权行为造成同一损害，每个人的侵权行为都足以造成全部损害的，行为人承担连带责任。

10. 承担侵权责任的主要方式有哪些？

在构成侵权的情况下，侵权人可能承担的责任有停止侵害、排除妨碍、消除危险、返还财产、恢复原状、赔偿损失、赔礼道歉、消除影响和恢复名誉等。这些承担侵权责任的方式，可以单独适用，也可以合并适用。例如，当发生名誉侵权时，侵权人通常要承担赔礼道歉、消除影响、恢复名誉以及赔偿损失等责任；当邻居装修导致你的房子出现裂缝、渗水等问题时，你可以要求邻居停止侵害、消除危险和赔偿损失。《民法典》第1167条就规定，侵权行为危及他人人身、财产安全的，被侵权人有权请求侵权人承担停止侵害、排除妨碍、消除危险等侵权责任。通常赔偿损失是最为常见的一种侵权责任承担方式，在造成财产损失和人身伤害的情况下都可适用。

11. 什么样的情形属于侵犯肖像权？

《民法通则》和《侵权责任法》原来规定构成侵犯公民肖像权的行为，通常应具备两个要件：一是未经本人同意，二是以营利为目的。除此之外，恶意毁损、玷污、丑化公民的肖像，或利用公民肖像进行人身攻击等,也属于侵害肖像权的行为。但此次《民法典》做了重大修改,规定只要未经本人同意使用他人肖像的行为都属于侵犯肖像权的行为,除非出现法律另有规定的情形。《民法典》第 1019 条规定,任何组织或者个人不得以丑化、污损,或者利用信息技术手段伪造等方式侵害他人的肖像权。未经肖像权人同意,不得制作、使用、公开肖像权人的肖像,但是法律另有规定的除外。未经肖像权人同意,肖像作品权利人不得以发表、复制、发行、出租、展览等方式使用或者公开肖像权人的肖像。也就是说,行为人是否以营利为目的不再是侵权行为认定的要件,只要未经本人同意使用了他人的肖像就可构成对他人肖像权的侵权,受害人可以依法请求加害人承担停止侵害、排除妨碍、消除影响或赔偿损失等侵权责任。

12."言论自由、学术自由"行为是否会构成对他人合法权益的侵害?

近年来,社会上有些人经常以所谓言论自由、学术研究为名,利用历史渐行渐远,历史资料之间记载的细节差别,片面强调和放大一些细枝末节的东西,通过质疑、歪曲、抹黑民族英雄、革命先烈来博眼球,哗众取宠,这些言论借助网络广泛传播后在社会上产生了极为恶劣的影响,这些行为不但严重伤害了社会大众的感情,而且也侵犯了英雄先烈们及其后人的相应权利。《宪法》第 35 条规定,中华人民共和国公民有言论、出版、集会、结社、游行、示威的自由。可见依法保护公民的言论自由是我国宪法明确规定的。但是,法律也要求任何人都不得以行使言论自由权为由而侵害他人的权利,言论自由是有边界的。任何公民在行使言论自由、学术自由及其他自由时,都要遵守国家法律为言论自由设定的底线,不得打着言论自由、学术自由的幌子侵害他人的名誉权、荣誉权等合法权利。《民法典》第 185 条规定,侵害英雄烈士等的姓名、肖像、名誉、荣誉,损害社会公共利益的,应当承担民事责任。第1024条规定，民事主体享有名誉权。任何组织或者个人不得以侮辱、诽谤等方式侵害他人的名誉权。第1165条规定，行为人因过错侵害他人民事权益造成损害的，应当承担侵权责任。因此，这种言论自由、学术自由如果侵害了他人合法权益，都可能构成侵权，要依法承担相应的侵权责任。

13. 在劳动纠纷案件中，为什么会出现权益受损的劳动者反而要承担侵权责任的情况？

在劳动冲突中，一些劳动者在情绪激动或感觉维权无望的情况下往往会做出各种打砸公司财物、私自占用公司物品，破坏公司信誉，暴力攻击威胁公司相关人员的事情。例如，在公司长期拖欠工资的情况下，员工私自到办公室拿走公司的电脑、打印机等高价物品去出售或自用，来折抵工资；有的员工因不满公司辞退决定，临走时故意删除电脑中的公司客户数据给公司造成无法挽回的损失，还有的员工甚至采取对雇佣者进行人身攻击的激烈方法，对其进行骚扰辱骂殴打，严重影响到雇佣者及其家人的生活安宁。虽然，公司不按照法律和合同的约定支付劳动者工资待遇等行为侵害了劳动者的权利，但劳动者若是在维权时不注意方式方法，采取一些非法手段损害了公司财产权益或伤害了他人的人身权益，劳动者可能会构成侵权，需要承担相应的侵权责任，造成维权不成反变侵权者的局面，所以劳动者在维权时一定要注意采用合法合理的手段，建议劳动者在与公司发生劳动争议时，可先与公司协商解决，协商不成或无法协商的可以就公司违反劳动法的事实向当地劳动监察部门举报，要求劳动监察部门进行查处，或者可以直接提起劳动仲裁，通过法律途径维护自己的合法权益，切忌采取非法的方式，免得得不偿失。

14. 人肉搜索行为是否会构成侵权？

人肉搜索作为网络时代新出现的一种搜索方式，是指利用人工参与来提纯搜索引擎提供信息的一种机制，实际上就是通过其他人来搜索自己搜不到的东西，与知识搜索的概念差不多，只是更强调搜索过程的互动而已，人肉搜索的出现使公民的个人信息面临着更大的风险。随着大数据时代的到来，人们的支付信息、出行住店、日常行动轨迹、交通违章记录，甚至论坛发帖、微信朋友圈信息都被大数据记录在案，一旦这些数据遭遇“人肉搜索”，往往给当事人带来巨大的麻烦。因此，我国《网络安全法》等法规已将“人肉搜索”定性为一种违法和侵权行为。《民法典》第 1034 条也规定，自然人的个人信息受法律保护。人肉搜索行为侵犯到他人民事权益的，要依法承担相应的民事侵权责任，情节严重或造成严重后果的还有可能要承担刑事责任。法治社会要用法治思维和方式解决问题，当我们的利益受到了侵害，应该依法维权而不是发起“人肉搜索”。

15. 提起诉讼的行为是否构成名誉权侵权？

在诉讼案件中，如果原告方败诉，被告方是否可以认为原告的起诉不实，据此认为原告的起诉行为侵害了自己的权益，要求原告方承担侵权责任？例如，甲公司起诉乙公司窃取自己的商业秘密，结果法院未支持甲公司的诉请，乙公司因此认为甲公司的起诉侵害了自己的名誉权。《民法典》第 1024 条规定，民事主体享有名誉权。任何组织或者个人不得以侮辱、诽谤等方式侵害他人的名誉权。侮辱行为是指以暴力或其他方式贬低他人人格，毁损他人名誉。诽谤行为是指因过错捏造并散布虚假事实，损害他人名誉的行为。依据《民事诉讼法》的相关规定，当事人提起诉讼，必须有具体的诉讼请求和事实、理由。这里的事实和理由，是原告基于其理解所阐述的事实和理由，可能与最后法院认定的事实存在较大出入，但不能以原告主张的事实与法院最终认定的事实存在不一致就认定原告是捏造事实，因此提起诉讼的行为不构成对当事人的名誉权侵害。

16. 航空公司超售机票的行为是否构成侵权？

机票超售是指航空公司所售机票数量超过了航班上实际的座位数，使得购票旅客到达机场后由于客满而无法登机以至造成延误的情况。航空公司的超售行为通常可能会侵犯到旅客作为消费者的知情权和自主选择权。在实践中，如果航空公司未对“超售”进行充分告知或者有限制、剥夺旅客选择其他运输主体、运输方式的情形，则可认定航空公司构成侵权，应当承担相应的侵权责任。但是如果航空公司对“超售”行为尽到了经营者的告知义务，并且也没有限制或剥夺旅客选择其他运输主体、运输方式，那么旅客因应航班超售导致行程延误遭受损失的，旅客应向航空公司主张合同违约责任而非侵权责任。

17. 被侵权人为报复侵权人让其多赔钱而放任损害扩大的行为如何处理？

损害发生时，被侵权人通常都会采取措施积极防止损害结果扩大，但也有一些人在权益被侵害后，为故意或放任损害结果扩大，以报复被侵权人想让其多赔钱。例如，楼下住户发现楼上水管漏水漏到了自己家，却不及时通知楼上或物业，采取听之任之的态度，导致自家因漏水损失扩大的。像这种情况，依据《民法典》第1173条规定，被侵权人对同一损害的发生或者扩大有过错的，可以减轻侵权人的责任。也就是说如果被侵权人对损害后果的发生或扩大有过错，侵权人的侵权责任可以得到减轻，通常对扩大的损失是不承担责任的。

18. 受害人的过错是不是仅限于受害人本人的过错？

《民法典》第1173条规定，被侵权人对同一损害的发生或者扩大有过错的，可以减轻侵权人的责任。受害人有过错是减轻加害人责任的一个很常见的理由，但是受害人的过错并不仅限于受害人本人的过错,也有可能包括受害人代理人、监护人的过错,也同样可能因此而减轻加害人的责任。比如,当受害人是未成年人时,未成年人的监护人对于受害人的伤害亦有过错的,也可以减轻加害人的责任。所以,受害人的过错从文义上来看是指受害人自身的过错,但是法律实践和理论中,这个受害人的过错应该理解为受害人一方的过错,并不仅限于受害人本人的过错。

19. 母公司使用控股子公司的商业秘密是否可能构成侵权?

商业秘密的权利人,是指商业秘密的所有人和经商业秘密所有人许可的商业秘密使用人。公司的商业秘密属于公司法人所有,这点是没有争议的,那么作为拥有商业秘密所有权公司的上级,控股母公司能不能基于其对子公司的绝对控股关系而当然地成为子公司商业秘密的权利人呢?依据《民法典》第 57 条的规定,法人是具有民事权利能力和民事行为能力,依法独立享有民事权利和承担民事义务的组织。公司属于法律拟制的营利法人,有自身独立的法人财产,并以其全部财产对公司的债务承担责任,母公司与子公司之间虽然存在控股关系,但各自的主体身份、财产等都是独立的,如果允许母公司基于绝对控股关系而占有子公司的财产,无疑会侵害子公司债权人的利益,因此,出于维护交易安全和企业信用的考虑,母公司并不当然地享有控股子公司的商业秘密所有权,母公司使用控股子公司商业秘密的行为也有可能涉及侵权。

20. 遇到碰瓷者弄假成真被撞伤亡的情况如何处理?

随着生活条件的改善,买汽车的人也越来越多了,这也使一些好逸恶劳的不法之徒将眼光盯向了车辆驾驶者。这些人采取跟踪车辆或者在某地固定等候过往车辆,然后出其不意地出现故意与机动车碰撞、刮擦,甚至根本没有发生碰撞,但却制造发生碰撞的假象,然后以游说、强迫、制造事端等方式要挟车辆驾驶者,借口私了诈骗财物,人们把这种人称为碰瓷者,对其行为十分痛恨。依据法律碰瓷行为不仅得不到保护,而且碰瓷者往往还要受到法律的罚处。但是碰瓷行为有时也会失控发生意外,毕竟行驶中的机动车具有一定的危险性和不可控性。如果碰瓷者在碰瓷中发生意外,弄假成真结果真的被车撞伤、撞死了该怎么办?车辆驾驶者是否要承担责任呢?我国《道路交通安全法》第63条规定,行人不得跨越、倚坐道路隔离设施,不得扒车、强行拦车或者实施妨碍道路交通安全的其他行为。《民法典》第1174条也规定,损害是因受害人故意造成的,行为人不承担责任。据此可以看出碰瓷者实际上已经违反了《道路交通安全法》的规定,实施了妨碍道路交通安全的行为,且心理上属于故意为之,因此只要车辆驾驶人(实际受害方)不存在明显的过错,没有逆行、跨线行驶、饮酒等交通违法行为就不需要承担责任,所有损害后果由碰瓷者自己负责。

21. 因吵架导致一方心脏病发作死亡的情形是否构成侵权?

王某和徐某是同事关系,一天在办公室两人因工作发生争执,争执中王某情绪十分激动。后经其他同事劝解后,两人各自回到自己的座位继续工作,但半小时后王某突然昏倒在地,经送医积极抢救后于当日晚间死亡,经诊断,王某系冠心病发作导致呼吸心跳骤停死亡。王某家人认为是吵架引发了王某的心脏病发死亡,徐某要为此承担赔偿责任。生活中人与人的争执在所难免,像王某这种因吵架争执导致的悲剧也不少。通常口角争吵不会对他人造成大的伤害,但是在受害人一方存在特定疾病时,吵架就可能诱发受害人自身的疾病而造成严重的伤害。在这种情形下,要依据行为人本身的过错来判定责任的承担。《民法典》第1165条规定,行为人因过错侵害他人民事权益造成损害的,应当承担侵权责任。在这类案件中判断行为人是否有过错时,主要看行为人是否明知受害人存在疾病仍旧故意激怒受害人使其发病受到伤害,以及双方是否主观上都存在过错,吵架、斗嘴的环境,用语的激烈程度等来划分责任。

22. 侵权行为是因为第三人的过错造成的如何处理?

有时候侵权行为的产生是因为第三人的过错,如为了避让不守交通规则的行人而与另一车道的车辆相撞对另一车辆造成损害。在这样的情况下,加害人本身可能并无过错或者加害人本身的过错不是造成损害发生的主要原因。如果此时仍要求加害人对损害承担全部责任是有失公平的。因此,《民法典》第 1175 条规定,损害是因第三人造成的,第三人应当承担侵权责任。具体的案件中,在存在第三人过错的情况下,如果第三人的过错是损害发生或扩大的唯一原因,侵权人的行为与损害之间的因果关系即被完全中断,应当由第三人承担全部侵权责任;如果第三人过错是损害发生或扩大的主要原因或重要原因,或者第三人过错是造成损害或使损害扩大的次要原因的,第三人的侵权责任可以酌情减轻或者也可能不减轻。总的来说,在因为第三人的过错导致的侵权案件中,通常还需要具体考虑第三人的过错对于损害发生的影响来确认侵权人与第三人的责任大小。

23. 自愿参加足球比赛因抢球不慎摔伤怎么办?

《民法典》第 1176 条规定,自愿参加具有一定风险的文体活动,因其他参加者的行为受到损害的,受害人不得请求其他参加者承担侵权责任,但是,其他参加者对损害的发生有故意或者重大过失的除外。足球运动是一种比较激烈的竞技体育活动,在争抢中难免会有磕磕碰碰,具有一定的风险性。因此,对于自愿参加足球比赛受伤的,只要其他参赛人对损害发生不存在故意或重大过失,则不需承担侵权责任,风险和受伤后果由伤者本人承担。

24. 餐馆遇到酒醉后发酒疯打砸餐馆设施，可能造成他人伤害危险的客人时可以采取什么措施？

依据《民法典》第1177条规定，合法权益受到侵害，情况紧迫且不能及时获得国家机关保护，不立即采取措施将使其合法权益受到难以弥补的损害的，受害人可以在保护自己合法权益的必要范围内采取扣留侵权人的财物等合理措施；但是，应当立即请求有关国家机关处理。因此，遇到此类情况餐馆应立即打电话报警，在警察来之前可以采取扣留侵权人的财物、阻止其打砸行为等合理措施来保护自己的合法权益。

25. 小王被自行车撞伤，在骑车人打算逃跑时，受害人小王为扣下骑车人的自行车而将其打伤，小王需要承担责任吗？

《民法典》第1177条规定，合法权益受到侵害，情况紧迫且不能及时获得国家机关保护，不立即采取措施将使其合法权益受到难以弥补的损害的，受害人可以在保护自己合法权益的必要范围内采取扣留侵权人的财物等合理措施；但是，应当立即请求有关国家机关处理。受害人采取的措施不当造成他人损害的，应当承担侵权责任。由此可见，受害人可以采取的措施应在合理范围内，如果超出合理范围造成损害也要承担侵权责任。小王为扣车打伤他人的行为显然超出了合理措施的范围，应当承担相应的侵权责任。但是考虑到此事因骑车人撞人后打算逃逸所致，依据《民法典》第1173条规定，被侵权人对同一损害的发生或者扩大有过错的，可以减轻侵权人的责任。因此，可以相应减轻小王的侵权责任。

第二章　损害赔偿

26. 侵权人侵害行为造成他人身体受伤或死亡的要承担怎样的侵权责任？

根据《民法典》第 1179 条的规定，侵害他人造成人身损害的，应当赔偿医疗费、护理费、营养费、住院伙食补助费等为治疗和康复支出的合理费用，以及因误工减少的收入。造成残疾的，还应当赔偿辅助器具费和残疾赔偿金；造成死亡的，还应当赔偿丧葬费和死亡赔偿金。依据侵害造成的后果，如果造成他人受伤未致残致死的，伤者为治疗所花费的医疗费、交通费、营养费，因伤行动不便请人照顾产生的护理费，有工作的因为受伤耽误工作所减少的收入，如因请病假被公司所扣的工资奖金等，都要由侵权人来赔付。如果受害人因伤致残，还要另外赔偿残疾金，受害人购买的轮椅等费用也由侵害人支付。如果造成受害人死亡，所有丧葬费用要由侵权人负责，此外还需要赔偿一笔死亡赔偿金。

27. 侵权行为造成受害人受伤治疗时赔偿数额如何计算？

《民法典》第 1179 条规定，侵害他人造成人身损害的，应当赔偿医疗费、护理费、营养费、住院伙食补助费等为治疗和康复支出的合理费用，但并未给出具体的计算标准，在司法实践中通常会依据具体案情来计算侵权人应赔付的费用。例如，医疗费会根据医疗机构出具的医药费、住院费等收款凭证，结合病历和诊断证明等相关证据确定，一般是以实际发生的数额来确认。误工费根据受害人的误工时间和收入状况确定。误工时间根据受害人接受治疗的医疗机构出具的证明确定。受害人有固定收入的，误工费按照实际减少的收入计算。受害人无固定收入的，按照其最近 3 年的平均收入计算；受害人不能举证证明其最近3年的平均收入状况的，参照受诉法院所在地相同或者相近行业上一年度职工的平均工资计算。护理费根据护理人员的收入状况和护理人数、护理期限确定。护理人员有收入的，参照误工费的规定计算；护理人员没有收入或者雇用护工的，参照当地护工从事同等级别护理的劳务报酬标准计算。护理期限应计算至受害人恢复生活自理能力时止。受害人因残疾不能恢复生活自理能力的，可以根据其年龄、健康状况等因素确定合理的护理期限，但最长不超过20年。营养费则根据受害人伤残情况参照医疗机构的意见确定。

28. 侵权行为造成受害人残疾的残疾赔偿金如何计算？

人身损害残疾赔偿金是给予受害人人身遭受了伤残损害，从而造成了残疾，影响了劳动能力，而由赔偿义务人作出的一种财产损失赔偿。《民法典》第1179条规定了因侵害行为致残的，受害人可以主张残疾赔偿金。残疾赔偿金的计算标准分为三种情况：（1）受害人在60岁以下：城镇居民残疾赔偿金=受诉法院所在地上一年度城镇居民人均可支配收入×20年×伤残赔偿系数；农村居民残疾赔偿金=受诉法院所在地上一年度农村居民人均纯收入×20年×伤残赔偿系数。（2）受害人在60～74岁：城镇居民残疾赔偿金=受诉法院所在地上一年度城镇居民人均可支配收入×[20年-（受害人实际年龄-60岁）]×伤残赔偿系数；农村居民残疾赔偿金=受诉法院所在地上一年度农村居民人均纯收入×[20年-（受害人实际年龄-60岁）]×伤残赔偿系数。（3）受害人在75岁以上：城镇居民残疾赔偿金=受诉法院所在地上一年度城镇居民人均可支配收入×5年×伤残赔偿系数；农村居民残疾赔偿金=受诉法院所在地上一年度农村居民人均纯收入×5年×伤残赔偿系数。具体受害人劳动能力丧失程度或伤残等级的确定，可以参照《人体损伤致残程度分级》《工伤保险条例》的有关规定。

29. 侵权行为造成受害人死亡的死亡赔偿金如何计算?

《民法典》第 1179 条规定了因侵害行为造成受害人死亡的,侵害人需要承担死亡赔偿金。《最高人民法院关于审理人身损害赔偿案件适用法律若干问题的解释》第 15 条规定,死亡赔偿金按照受诉法院所在地上一年度城镇居民人均可支配收入或者农村居民人均纯收入标准,按 20 年计算。但 60 周岁以上的,年龄每增加 1 岁减少 1 年;75 周岁以上的,按 5 年计算。如果赔偿权利人能举证证明其住所地或者经常居住地城镇居民人均可支配收入或者农村居民人均纯收入高于受诉法院所在地标准,残疾赔偿金或者死亡赔偿金可以按照其住所地或者经常居住地的相关标准计算。

30. 在同一起交通意外中死亡的人,每个人的死亡赔偿金都是相同的吗?

《民法典》第 1180 条规定,因同一侵权行为造成多人死亡的,可以以相同数额确定死亡赔偿金。这意味着同一侵权行为造成多人死亡的,每个受害人最终获得的死亡赔偿金可能一样也可能不一样,但这样的规定并不代表“同命不同价”。实际案件中,在计算每个受害者的死亡赔偿金时不会因受害人是城镇或者农村的差别以及其收入水平的差别而使得到的赔偿金额有所差别,最终死亡赔偿金数目不同是因为在计算时考虑进了年龄、生前是否有被抚养人等情况。例如,在车祸中死去的二人如果年龄相同,都没有被抚养人,那么他们的死亡赔偿金会是相同的;如果年龄不同,有无被抚养人情况不同,那么他们的死亡赔偿金数额可能不同。

31. 被侵权人死亡的,谁能代替他要求侵权人承担责任?

人活着才能自己找侵权人主张权利,如果人死了有谁能替死去的人来主张权利呢？《民法典》第1181条规定，被侵权人死亡的，其近亲属有权请求侵权人承担侵权责任。依此规定，被侵权人死亡后，他的配偶、父母、子女、兄弟姐妹、祖父母、外祖父母、孙子女、外孙子女等近亲属有权代替死者主张权益。另外，为死者支付了医疗费、丧葬费等合理费用的人有权请求侵权人赔偿费用，但是侵权人已支付该费用的除外。

32. 被侵权的公司与其他公司合并后成立了新的公司，原公司被注销，此时侵权人还需要承担侵权责任吗？

实践中经常出现公司因业务发展与他人合并或分立的情况，在这种情况下侵权人能否以被侵权人已经不存在为由逃避责任呢？依据《民法典》第1181条的规定，被侵权人死亡的，其近亲属有权请求侵权人承担侵权责任。被侵权人为组织，该组织分立、合并的，承继权利的组织有权请求侵权人承担侵权责任。因此，被侵权公司的合并、分立并不能导致侵权人不承担应当承担的侵权责任，只不过主张权利的主体可能变成新成立的承继被侵权公司权利的公司而已。

33. 某网站因发布明星的不实信息导致该明星声誉人气下降，该明星原来谈好的代言也被取消，由此产生的损失该如何赔偿？

依据《民法典》第1182条的规定，侵害他人人身权益造成财产损失的，按照被侵权人因此受到的损失或者侵权人因此获得的利益赔偿；被侵权人因此受到的损失以及侵权人因此获得的利益难以确定，被侵权人和侵权人就赔偿数额协商不一致，向人民法院提起诉讼的，由人民法院根据实际情况确定赔偿数额。因此，可以按照明星损失的代言费及人气下降导致的其他损失来计算赔偿，如果网站因此获利的也可以按照网站获得的利益来赔付，如果赔付数额难以确定并且双方有争议的，可以由人民法院根据具体案情判决确定赔偿数额。

34. 侵害他人财产造成损失时，侵权赔偿数额如何计算？

造成财产损失比较常见的有侵害他人物权、知识产权以及虚拟财产等所造成的财产损失。《民法典》第1184条规定，侵害他人财产的，财产损失按照损失发生时的市场价格或者其他合理方式计算。在实际案件中，对他人物权的侵害最为常见，如对他人所有的不动产、动产等财产进行毁损，致使该财产的外在形式、内在质量遭受破坏甚至完全丧失，直接影响其价值和使用价值。像汽车被撞坏、古董花瓶被摔碎、家用电器被烧毁等。在这种情形下的赔偿数额要按照财产损失发生时的市场价格计算。如果该物已经使用了一段时间，则要考虑折旧。如果该财产没有在市场上流通，没有市场的对应价格，可以用评估等其他方式来计算。对侵害他人著作权、商标权、专利权等知识产权所造成的财产损失，通常按照权利人的实际损失给予赔偿，实际损失难以计算的，可以按照侵权人的违法所得给予赔偿。如果权利人的实际损失或者侵权人的违法所得不能确定的，由人民法院根据侵权行为的情节，依法予以确定。

35. 哪些人身权益受到侵害时可以请求赔偿精神损害？

精神损害赔偿是在给受害人造成了严重的精神损害的情形下要求加害人所承担的一种赔偿。《民法典》第1183条规定，侵害自然人人身权益造成严重精神损害的，被侵权人有权请求精神损害赔偿。因自然人人身权益受到侵害产生精神损害赔偿的情况主要包括：(1)公民的生命权、健康权、身体权、姓名权、肖像权、名誉权、人格尊严权、人身自由权受到非法侵害时。(2)违反社会公共利益、社会公德侵害他人隐私或其他人格权利的。(3)公民去世后，其姓名、肖像、名誉、荣誉、隐私、遗体等人格权利受到非法侵害，使死者近亲属遭受精神痛苦的，死者的近亲属可以依法请求赔偿精神损害。(4)监护权受到侵害引起精神损害的，受害人可以请求赔偿精神损害。

36. 顾客甲将自己父亲仅存在世的一张照片送去照相馆冲洗，结果却被照相馆弄丢了，顾客甲能否就此主张精神损害赔偿？

因为对他人财物的侵害一般不会导致人的精神伤害，所以精神损害赔偿通常是在侵害他人名誉权、隐私权等人身权益时所发生的侵权责任。但是在一些特定的物品可能寄托着权利人特殊的感情，一旦被人毁损同样会给权利人带来严重的心理精神伤害的情况下，我国法律赋予了权利人主张精神损害赔偿的权利。《民法典》第 1183 条规定，因故意或者重大过失侵害自然人具有人身意义的特定物造成严重精神损害的，被侵权人有权请求精神损害赔偿。顾客甲仅有的一张父亲照片却被照相馆弄丢，导致其再也无法留存见到父亲的容貌，给其心灵造成了极大的伤害，因此顾客甲可以就照片丢失财物受损之事向照相馆主张精神损害赔偿。

37. 公司法人是否可提起精神损害赔偿？

《民法典》第 1183 条规定，侵害自然人人身权益造成严重精神损害的，被侵权人有权请求精神损害赔偿。《最高人民法院关于确定民事侵权精神损害赔偿责任若干问题的解释》第 4 条规定，法人或者非法人组织以名誉权、荣誉权、名称权遭受侵害为由，向人民法院起诉请求赔偿精神损害的，人民法院不予受理。可见精神损害赔偿是针对自然人人身权益受到侵害才能提出的主张，法人虽然有拟制的人格权利，但是依法是不能主张精神损害赔偿的。

38. 精神损害的赔偿数额如何来计算？

《最高人民法院关于确定民事侵权精神损害赔偿责任若干问题的解释》第 10 条规定，精神损害的赔偿数额根据以下因素确定：(1) 侵权人的过错程度，但是法律另有规定的除外；(2)侵害行为的目的、方式、场合等具体情节；(3)侵权行为所造成的后果；(4)侵权人的获利情况；(5)侵权人承担责任的经济能力；(6)受理诉讼法院所在地平均生活水平。但如果其他法律、行政法规对残疾赔偿金、死亡赔偿金等有明确规定的，适用法律、行政法规的规定。由此可见，精神损害赔偿的具体数额主要由法官依据具体案件中侵害人的主观恶性、侵权方式的恶劣程度、造成后果的严重性、侵害人的经济赔付能力等因素综合考虑后确定。

39. 侵害他人知识产权的行为是否会招来惩罚性赔偿？

惩罚性赔偿是一种严厉的制裁方式，是加重赔偿的一种原则，目的是在针对被告过去故意的侵权行为造成的损失进行弥补之外，对侵权人进行处罚以防止将来重犯，同时也达到警示他人的目的。一般的赔偿损失首要考虑的是弥补受害人的实际损失，而惩罚性赔偿的赔偿数额往往或数倍于侵权人对受害人造成的损失，这就是其惩罚性的体现。《民法典》第 1185 条规定，故意侵害他人知识产权，情节严重的，被侵权人有权请求相应的惩罚性赔偿。可见如何侵害他人知识产权的行为属于明知故犯的，因主观恶性较大，如果有情节严重的情况，则可能导致要承担惩罚性赔偿。具体的惩罚性赔偿的倍数则会根据不同法律的规定以及侵权的实际情形来确定，如《商标法》第 63 条规定，侵犯商标专用权的赔偿数额，按照权利人因被侵权所受到的实际损失确定；实际损失难以确定的，可以按照侵权人因侵权所获得的利益确定；权利人的损失或者侵权人获得的利益难以确定的，参照该商标许可使用费的倍数合理确定。对恶意侵犯商标专用权，情节严重的，可以在按照上述方法确定数额的 1 倍以上 5 倍以下确定赔偿数额。赔偿数额应当包括权利人为制止侵权行为所支付的合理开支。

40. 权利人在主张知识产权侵权惩罚性赔偿时，重点要证明的问题有哪些？

依据《民法典》第 1185 条的规定，故意侵害他人知识产权，情节严重的，被侵权人有权请求相应的惩罚性赔偿。由此可见适用惩罚性赔偿时首先是强调侵害人的主观过错是故意，即主观恶性大，其次是考虑侵权的情节，要求情节严重，如存在重复侵权、多次侵权、大量侵权等行为。因此，权利人在主张惩罚性赔偿时需要重点证明侵害方的恶意，存在严重的情节，另外还要提供侵权产品销售数量、利润等材料，以便法院判决时确定判赔基数。

41. 乙主动帮甲搬家，在搬家过程中乙不慎摔倒受伤，在此情况下责任如何承担？

甲要搬家，乙主动提出帮忙，但是在搬家的过程中乙不小心跌倒摔伤，此时对于乙的损害双方都无过错，且甲乙之间不存在雇佣、帮工这类关系。针对这类情况，《民法典》第 1186 条规定，受害人和行为人对损害的发生都没有过错的，依照法律的规定由双方分担损失。在这里基于当事人双方都没有过错而出现损害的情况，法院可以从公平角度出发，根据实际情况依据法律来决定双方分担损失的大小。

42. 民法典中确定了哪几种侵权赔偿费用的支付方式？

赔偿损失是构成侵权时最为常见的一种承担责任的方式，对于赔偿损失费用的支付，《民法典》第 1187 条在综合考虑责任人的财产状况以及各国司法实践的做法的基础上规定，损害发生后，当事人可以协商赔偿费用的支付方式。协商不一致的，赔偿费用应当一次性支付；一次性支付确有困难的，可以分期支付，但是被侵权人有权请求提供相应的担保。

第一种方式，由当事人协商确定赔偿费用的支付方式。当事人可以协商支付的具体时间和金额，是否考虑利息等——在达成协商意见后依据双方的协商来执行。第二种方式，协商不一致时可采取一次性支付。在协商不成的情况下，如果受害人不同意分期支付，侵权人应当一次性全部支付赔偿费用，彻底了结纠纷。第三种方式，侵权人一次性支付确有困难的，可以分期支付，但应当提供相应的担保。

第三章 责任主体的特殊规定

43. 精神病人发病期间造成他人损害的，如何承担赔付责任？

精神病人发病期间属于法律上的无民事行为能力人或限制民事行为能力人，依据《民法典》第 1188 条的规定，无民事行为能力人、限制民事行为能力人造成他人损害的，由监护人承担侵权责任。监护人尽到监护职责的，可以减轻其侵权责任。有财产的无民事行为能力人、限制民事行为能力人造成他人损害的，从本人财产中支付赔偿费用；不足部分，由监护人赔偿。因此，精神病人发病期间造成他人损害的，由其监护人承担侵权责任，赔付时如果精神病人本人有财产，先从本人财产中支付赔偿费用，不足部分由监护人赔付；如果精神病人本人没有财产，全部由其监护人赔付。

44. 王女士因出差临时将 6 岁的女儿送至自己父母处看管，结果女儿在此期间将外婆邻居家的小孩打伤，最终谁应为此事负责呢？

依据《民法典》第 1189 条的规定，无民事行为能力人、限制民事行为能力人造成他人损害，监护人将监护职责委托给他人的，监护人应当承担侵权责任；受托人有过错的，承担相应的责任。6 岁小孩属于无民事行为能力人，监护人为父母即王女士是其女儿监护人，王女士出差将女儿监护职责暂时委托给自己父母，在此期间王女士女儿打伤他人造成的侵害应由王女士承担，如果作为受托人的王女士父母也有过错的，也需承担相应的责任。

45. 醉酒的情形下致人损害的如何承担责任？

《民法典》第 1190 条第 2 款规定，完全民事行为能力人因醉酒、滥用麻醉药品或者精神药品对自己的行为暂时没有意识或者失去控制造成他人损害的，应当承担侵权责任。醉酒时行为人虽然对自己的行为暂时没有意识或者失去了控制，但是使其自身处于醉酒状态是当事人自己的选择，即当事人可以预见到醉酒后可能很难控制自己的行为，可能会危及公共安全和他人的生命健康，但是行为人却放任醉酒结果的发生，所以法律不认可以自身醉酒无法控制自己的行为作为抗辩理由，在醉酒的情形下致人损害仍需要承担作为完全民事行为能力人所应承担的责任。

46. 突发疾病失去意识而导致他人损害的是否要承担责任？

人无法控制自身疾病发病的时间，当行为人突发疾病失去意识给他人造成损害时，如出租车司机工作时突发心脏病失去意识导致乘客受伤的情况下，行为人是因为疾病发作导致对自己的行为无法控制，本身没有侵害他人的故意或者意图，所以不构成侵权责任。依据《民法典》第 1190 条的规定，完全民事行为能力人对自己的行为暂时没有意识或者失去控制造成他人损害有过错的，应当承担侵权责任；没有过错的，根据行为人的经济状况对受害人适当补偿。在这种情况下因为受害人本身也是无辜的，所以即使行为人没有任何过错也并不意味着行为人完全无须赔偿任何损失，法律为平衡行为人和受害人之间的利益关系，从公平的角度规定行为人承担一定的补偿责任，这样既注重保护受害人的合法权益也考虑到了行为人的具体情况，有利于维护社会秩序的和谐与稳定。

47. 餐馆服务员在上菜时将菜汤洒到顾客身上,导致顾客烫伤,由此产生侵权责任如何承担?

因雇佣关系,使用人单位与雇员之间存在人身关系的依附性以及经济利益的关联性,因此法律规定对于雇员在执行工作中的侵权行为,承担责任时并不考虑用人单位本身的过错,应当由用人单位承担责任。《民法典》第1191条规定,用人单位的工作人员因执行工作任务造成他人损害的,由用人单位承担侵权责任。用人单位承担侵权责任后,可以向有故意或者重大过失的工作人员追偿。因此,餐馆服务员在上菜烫伤顾客后,首先由餐馆承担侵权责任。当然,如果烫伤顾客的行为是服务员故意为之,或者服务员对此有重大过失的,餐馆在承担责任后也可以向雇员追偿。这样规定有利于保护受害人的合法权益,也能平衡用人单位与雇员之间的关系,有利于纠纷的尽快解决。

48. 用人单位是不是要对工作人员在工作时的所有侵权行为负责?

虽然《民法典》第1191条规定,用人单位的工作人员因执行工作任务造成他人损害的,由用人单位承担侵权责任。但是,并不是说工作人员所有的侵权责任都由用人单位负责。如果工作人员故意在执行职务过程中造成他人伤害的,如售货员因为与某人有仇故意将泻药作为补药卖给他人,这种情况下如果用人单位没有过错,则并不需要为工作人员的行为承担侵权责任。

49. 劳务派遣的员工因工作造成他人损害的应该如何担责?

依据《民法典》第1191条第2款规定,劳务派遣期间,被派遣的工作人员因执行工作任务造成他人损害的,由接受劳务派遣的用工单位承担侵权责任；劳务派遣单位有过错的，承担相应的责任。因此，劳务派遣员工在劳务派遣期间执行工作造成他人损害的，应由接受劳务派遣的用工单位承担侵权责任，劳务派遣单位有过错的，承担相应的责任，没有过错的则不承担责任。

50. 家庭雇用的保姆在清洁房屋时把阳台花盆打落，造成楼下经过的行人受伤的，应由谁来承担责任？

依据《民法典》第 1192 条的规定，个人之间形成劳务关系，提供劳务一方因劳务造成他人损害的，由接受劳务一方承担侵权责任。接受劳务一方承担侵权责任后，可以向有故意或者重大过失的提供劳务一方追偿。保姆和雇主之间属于个人之间形成的劳务关系，因此保姆在为雇主提供服务时造成他人损害的，应由雇主承担侵权责任。雇主在承担完责任后，如果保姆对损害发生存在故意或重大过失的，雇主可以就赔偿款向保姆追偿。

51. 小王家的保姆李阿姨在打扫房间时摔倒导致骨折，谁应为李阿姨的受伤负责？

依据《民法典》第 1192 条的规定，个人之间形成劳务关系，提供劳务一方因劳务造成他人损害的，由接受劳务一方承担侵权责任。接受劳务一方承担侵权责任后，可以向有故意或者重大过失的提供劳务一方追偿。提供劳务一方因劳务自己受到损害的，根据双方各自的过错承担相应的责任。李阿姨在为小王家提供劳务的过程中受到损害，对此损害要依据双方的过错来承担责任，例如，如果是李阿姨自己在打扫房间时把水弄到地上导致滑倒受伤，主要过错在李阿姨，那么就要由李阿姨自己来承担受伤的责任和费用。

52. 小王雇用了一个工人帮他修理自家花园里的水泥地，结果工人在修理时被楼上居民丢下的酒瓶砸伤，此时该工人可以向谁主张损害赔偿责任？

依据《民法典》第 1192 条的规定，个人之间形成劳务关系……提供劳务期间，因第三人的行为造成提供劳务一方损害的，提供劳务一方有权请求第三人承担侵权责任，也有权请求接受劳务一方给予补偿。接受劳务一方补偿后，可以向第三人追偿。因此，该工人既可以向作为雇主的小王主张补偿，也可以向楼上丢弃酒瓶的居民主张侵权责任。小王在补偿后可以向楼上居民进行追偿。

53. 甲商场为店庆活动到一家广告公司定作了一批商场宣传画册，该广告公司在制作画册时擅自将某知名企业的商标印在上面，该知名企业能否要求甲商场承担侵权责任？

甲商场到广告公司定作商场宣传画册的行为属于承揽合同关系，依据《民法典》第 1193 条的规定，承揽人在完成工作过程中造成第三人损害或者自己损害的，定作人不承担侵权责任。但是，定作人对定作、指示或者选任有过错的，应当承担相应的责任。因甲商场对于广告公司擅自侵害他人商标权的行为不存在过错，所以该知名企业只能要求广告公司承担侵权责任，而不能要求甲商场承担责任。

54. 网络服务供应商对其用户的侵权行为是否要承担责任？

随着网络的发达，网络侵权这一新型的侵权形式也日渐普遍。网络具有开放性，网络环境下的侵权损害后果更为广泛，处理起来也更为复杂。《民法典》第 1195 条规定，网络用户利用网络服务实施侵权行为的，权利人有权通知网络服务提供者采取删除、屏蔽、断开链接等必要措施。通知应当包括构成侵权的初步证据及权利人的真实身份信息。网络服务提供者接到通知后,应当及时将该通知转送相关网络用户,并根据构成侵权的初步证据和服务类型采取必要措施;未及时采取必要措施的,对损害的扩大部分与该网络用户承担连带责任。《民法典》第1197条规定,网络服务提供者知道或者应当知道网络用户利用其网络服务侵害他人民事权益,未采取必要措施的,与该网络用户承担连带责任。依据规定网络服务供应商对其用户的侵权行为在两种情况下要承担连带责任,一是如果网络服务供应商在被侵权人通知其采取必要措施后未及时采取必要措施而导致损害扩大的,对于扩大的部分要与侵权人一起承担连带责任;二是若网络服务供应商明知其用户利用其网络服务从事侵权行为而没有采取必要措施的,与侵权人承担连带责任。这样的规定表明网络服务供应商作为网络环境的管理者,具有一定的作为义务,在满足法律规定的条件下应该采取措施而没有采取相应措施的,就存在过错,应该承担相应的责任,且网络服务供应商所承担的是一种连带责任,在侵权人无法承担责任的情形下,被侵权人可以要求网络服务供应商先行承担责任,这对被侵权人的权益是一种更加完备的保障。

55. 是否只要权利人认为网络用户利用网络服务侵害了自己的权益,就可以要求网络服务提供者封杀该网络用户?

依据《民法典》第1195条的规定,网络用户利用网络服务实施侵权行为的,权利人有权通知网络服务提供者采取删除、屏蔽、断开链接等必要措施。通知应当包括构成侵权的初步证据及权利人的真实身份信息。也就是说,权利人在认为网络用户侵权,并通知网络服务提供者对侵权人采取措施时,必须提供一定的证据证明该网络用户利用网络服务提供者的服务侵犯了自己合法权益,并且要提供自己的身份证等真实信息。另外,《民法典》第1195条还规定了如果权利人因错误通知造成网络用户或者网络服务提供者损害的,应当承担相应的侵权责任。法律另有规定的,依照其规定。

56. 网络用户向网络服务提供者提交不存在侵权行为的声明后,网络服务提供者有义务做哪些事?

《民法典》第 1196 条规定,网络用户接到转送的通知后,可以向网络服务提供者提交不存在侵权行为的声明。声明应当包括不存在侵权行为的初步证据及网络用户的真实身份信息。网络服务提供者接到声明后,应当将该声明转送发出通知的权利人,并告知其可以向有关部门投诉或者向人民法院提起诉讼。网络服务提供者在转送声明到达权利人后的合理期限内,未收到权利人已经投诉或者提起诉讼通知的,应当及时终止所采取的措施。依据此规定,网络服务提供者有义务将网络用户提交给自己的不存在侵权的声明转送给发出通知的权利人,并告知其通过投诉或诉讼来维护权益;如果权利人没有在合理期限内通知网络服务提供者自己已经提起诉讼或投诉的,网络服务提供者有义务终止原来对网络用户采取的删除、屏蔽、断开链接等措施。

57. 在商场、饭店等经营场所受伤时能否要求该场所承担赔偿责任?

商场、饭店这些经营场所属于公共场所,其经营者存在一定的安全保障义务,这种安全保障义务是对潜在消费者、消费者以及进入这些场所的任何人的权益进行保护的义务。依据《民法典》第 1198 条的规定,宾馆、商场、银行、车站、机场、体育场馆、娱乐场所等经营场所、公共场所的经营者、管理者或者群众性活动的组织者,未尽到安全保障义务,造成他人损害的,应当承担侵权责任。一般而言,在上述经营场所受伤时,即便经营者已经做出相应的警示亦不能完全免责,相应场所的经营者仍需要对受害人的损失承担责任,当然如果消费者等自身对于其受伤也有一定过错的，也适用过失相抵原则，可以相应减轻经营者应该承担的责任。此外，经营者对于可能出现的危险应当对消费者进行合理的说明，对于有违安全的消费者应当进行劝告，必要时通知公安部门采取必要的强制措施。对于已经或者正在发生的危险，经营者应当进行积极的救助，以避免损害的发生或减少损失。

58. 在银行、商场等公共场所受到第三人侵害时，银行、商场等公共场所是否要承担相应责任？

《民法典》第 1198 条规定，因第三人的行为造成他人损害的，由第三人承担侵权责任；经营者、管理者或者组织者未尽到安全保障义务的，承担相应的补充责任。经营者、管理者或者组织者承担补充责任后，可以向第三人追偿。当你在饭店遭遇小偷而受到财产损失，在商场遭遇有人斗殴而受伤时，依照法律的规定由作出侵害行为的第三人承担责任，银行、商场等公共场所的经营者、管理者只有在未尽到安全保障义务的时候才承担相应的补充责任。例如，在银行遭遇他人殴打时，银行的安保人员没有采取适当的措施以避免或者降低损失，使得受害人受到更严重的损失的，应当在其能够防止或者制止损害的范围内承担相应的补充赔偿责任。在这种情况下，受害人需要证明经营者、管理者未尽到安全保障义务。另外，管理人所承担的是一种补充责任，管理人向受害人赔偿损失后，可以向加害人，即直接造成受害人损失的侵害人进行追偿。

59. 7 岁的小明在学校上体育课时受伤，应该由谁承担责任？

学校虽然不是未成年人的监护人，但作为未成年人在校期间的管理人，对于未成年人存在临时的管理、教育和安全保障的义务。未成年人在学校受到人身伤害的，依据《民法典》第 1199 条的规定，无民事行为能力人在幼儿园、学校或者其他教育机构学习、生活期间受到人身损害的，幼儿园、学校或者其他教育机构应当承担侵权责任；但是，能够证明尽到教育、管理职责的，不承担侵权责任。因此，学校需要对未成年人小明所受到的伤害承担责任，除非学校能证明自己在小明受伤事件中已经尽到了相应的教育、管理职责方能免责。

60. 一幼儿家长为替自己5岁女儿出气，冲入幼儿园将和女儿同班的另一幼儿打伤，对此幼儿园是否要承担侵权责任？

《民法典》第1201条规定，无民事行为能力人或者限制民事行为能力人在幼儿园、学校或者其他教育机构学习、生活期间，受到幼儿园、学校或者其他教育机构以外的第三人人身损害的，由第三人承担侵权责任；幼儿园、学校或者其他教育机构未尽到管理职责的，承担相应的补充责任。幼儿园、学校或者其他教育机构承担补充责任后，可以向第三人追偿。因此，应由该打人幼儿的家长承担侵权责任，如果幼儿园在此事中尽到了管理义务就不需要承担责任，如果发现幼儿园没有尽到相应管理义务，则要承担相应的补充责任。

第四章　产品责任

61. 生产厂家的"一经售出，概不负责"说法有法律效力吗？

作为生产者，应当采取措施，保证其所生产的产品的质量，因此生产厂家在售出商品后，并不意味着其对商品的质量保证已经结束。《民法典》第1202条规定，因产品存在缺陷造成他人损害的，生产者应当承担侵权责任。《产品质量法》第26条规定，生产者应当对其生产的产品质量负责。生产厂家的这些质量保证义务是法律所明确规定的，不能以其"一经售出，概不负责"的提示而免除，这种免除商家法定义务的做法侵害了消费者的合法权利。因此，商家即便在显著位置标明"一经售出，概不负责"，消费者在购买其商品后发现相应的其应该负责的质量问题的，商家仍需承担责任，其事先的这种免责告示是无效的。

62. 生产者和销售者就产品缺陷导致的损害在承担责任时相互推诿，对此受侵害人应该找谁赔偿？

依据《民法典》第1203条的规定，因产品存在缺陷造成他人损害的，被侵权人可以向产品的生产者请求赔偿，也可以向产品的销售者请求赔偿。产品缺陷由生产者造成的，销售者赔偿后，有权向生产者追偿。因销售者的过错使产品存在缺陷的，生产者赔偿后，有权向销售者追偿。因此，消费者因产品存在缺陷而受到伤害的，可以依据实际情况选择生产者或销售者承担责任，至于在生产者或者销售者承担责任之后向相应的责任人进行进一步追偿的，属于生产者和销售者内部的责任分担问题。

63. 产品存在缺陷造成他人损害的，生产者就一定要承担侵权责任吗？

《民法典》第1202条规定，因产品存在缺陷造成他人损害的，生产者应当承担侵权责任。但是《产品质量法》第41条规定，因产品存在缺陷造成人身、缺陷产品以外的其他财产（以下简称他人财产）损害的，生产者应当承担赔偿责任。生产者能够证明有下列情形之一的，不承担赔偿责任：(1)未将产品投入流通的；(2)产品投入流通时，引起损害的缺陷尚不存在的；(3)将产品投入流通时的科学技术水平尚不能发现缺陷的存在的。可见并不是所有因产品存在缺陷造成他人损害的，生产者都要承担侵权责任，如果符合《产品质量法》中列出的三种情况，生产者对损害是不需要承担责任的。

64. 出售商品时商家免费附赠的赠品致人损害的，商家是否需要承担责任？

《民法典》第1203条规定，因产品存在缺陷造成他人损害的，被侵权人可以向产品的生产者请求赔偿，也可以向产品的销售者请求赔偿。产品缺陷由生产者造成的，销售者赔偿后，有权向生产者追偿。因销售者的过错使产品存在缺陷的，生产者赔偿后，有权向销售者追偿。依据规定由商家出售消费者付钱购买的产品出现问题造成损害的，商家要依规定承担相应责任。但是在现实中为了招揽顾客，商家在出售商品时有时会免费附赠一些其他产品，这时候商家与顾客之间就赠品形成了赠与合同关系。《民法典》第662条规定，赠与的财产有瑕疵的，赠与人不承担责任。附义务的赠与，赠与的财产有瑕疵的，赠与人在附义务的限度内承担与出卖人相同的责任。可见，在赠与合同中，一般不要求赠与人承担瑕疵担保义务。但有例外，即在附义务赠与中，赠与的财产有瑕疵的，赠与人在附义务的限度内承担与出卖人相同的违约责任。在出售商品免费附赠的赠品时，因为消费者必须先购买卖方商品，付出对价后，才能享有取得赠品的权利，因此可看作一种附义务赠与。所以，要求商家对附赠行为中的赠品承担与销售行为中商品同样的法律责任也是必然的。如果在购买商品时商家有附赠赠品且该附赠的赠品因为质量原因造成了损害，商家不能以其为赠品而免除责任，仍需对因赠品而导致损害的受害人承担相应的责任。

65. 符合国家质量标准的商品造成损害的，生产厂家是否仍需承担责任？

为了规范市场，往往对于面向消费者的商品规定一定的质量标准，这种质量标准是相关商品能够被出售的一种门槛性的标准，只有符合相关质量标准的商品才能合法地向消费者出售，这一质量标准是有关部门对于商品的最低要求。现实中商品造成损害的原因是多样的，如因为销售者或者运输者在保管、运输过程中的过错或疏忽致使商品不符合使用标准造成损害的，依据《民法典》第 1203 条规定，因产品存在缺陷造成他人损害的，被侵权人可以向产品的生产者请求赔偿，也可以向产品的销售者请求赔偿。产品缺陷由生产者造成的，销售者赔偿后，有权向生产者追偿。因销售者的过错使产品存在缺陷的，生产者赔偿后，有权向销售者追偿。《民法典》第 1204 条规定，因运输者、仓储者等第三人的过错使产品存在缺陷，造成他人损害的，产品的生产者、销售者赔偿后，有权向第三人追偿。在这些情况下，生产厂家生产的产品即使符合国家质量标准，没有产品质量问题，但消费者如果向其主张侵害赔偿的，生产厂家仍然要承担赔付责任，只是生产厂家在承担责任后可以向相关的销售者或者运输者追偿。

66. 如何认定产品存在缺陷？

缺陷产品是指因设计、生产、指示等原因在某一批次、型号或者类别中存在具有同一性的、已经或者可能对人体健康和生命安全造成损害的不合理危险的产品。《民法典》第 1202 条规定，因产品存在缺陷造成他人损害的，生产者应当承担侵权责任。可见产品存在缺陷是承担产品侵权责任的前提。依据《产品质量法》第 46 条规定，本法所称缺陷，是指产品存在危及人身、他人财产安全的不合理的危险；产品有保障人体健康和人身、财产安全的国家标准、行业标准的，是指不符合该标准。

67. 商家在销售已取得保健食品生产许可的保健酒时，为扩大销量，未标明保健酒可能产生的副作用，导致购买人喝了后出现头昏等症状，对此商家要承担侵权责任吗？

商家为不影响保健酒销路而故意不标明其不良反应说明，尽管该保健酒质量合格，手续齐全，但仍属于有经营缺陷的产品。所谓经营缺陷，指产品在经营过程中存在不合理危险。如没有适当的警示说明等，依据《民法典》第 1202 条规定，因产品存在缺陷造成他人损害的，生产者应当承担侵权责任。因此，该商家仍应负产品缺陷所导致的侵权法律责任。

68. 快递公司在运送货物时冷藏车因电力故障导致运输的生鲜食品变质，消费者食用后导致食物中毒，该由谁负责？

依据《民法典》第 1204 条的规定，因运输者、仓储者等第三人的过错使产品存在缺陷，造成他人损害的，产品的生产者、销售者赔偿后，有权向第三人追偿。虽然导致生鲜食品变质造成消费者损害的过错不在生产者和销售者，但为了更好地保护消费者的权益，方便消费者维权，法律规定消费者可直接向产品生产者、销售者主张侵害赔偿，至于生产者、销售者在承担责任后，可以就快递公司的过错向其追偿。

69. 购买的热水器在使用过程中发现有漏电现象，消费者可以要求商家承担什么责任？

依据《民法典》第 1205 条的规定，因产品缺陷危及他人人身、财产安全的，被侵权人有权请求生产者、销售者承担停止侵害、排除妨碍、消除危险等侵权责任。因此，如果漏电是由于热水器本身产品缺陷造成的，消费者可以要求生产者或销售者消除危险、承担由此产生的费用，并赔偿消费者因此受到的损失。

70. 汽车生产商在将某型号汽车投入流通销售后，发现该车型存在断轴隐患，对此类情况汽车生产商和销售商应该如何处理？

产品出售后却发现存在安全隐患是近年来常常发生的问题，对此类情况《民法典》第 1206 条明确规定，产品投入流通后发现存在缺陷的，生产者、销售者应当及时采取停止销售、警示、召回等补救措施。也就是说对于已经进入流通领域后发现有缺陷问题的产品，生产者、销售者必须及时采取补救措施，这些补救措施包括停止销售问题产品、采取公示方式广而告之消费者隐患以警示消费者、召回存在缺陷的产品。因此，汽车在售出后如果发现存在断轴安全隐患，生产商和销售商必须依法律规定进行警示、召回并停止销售。

71. 如果产品在进入流通后发现缺陷，但生产者、销售者听之任之，未采取补救措施的应该承担什么责任？

《民法典》第1206条规定，产品投入流通后发现存在缺陷的，生产者、销售者应当及时采取停止销售、警示、召回等补救措施。未及时采取补救措施或者补救措施不力造成损害扩大的，对扩大的损害也应当承担侵权责任。可见生产者、销售者对进入流通后发现有缺陷的产品，承担采取补救措施的责任，如果生产者、销售者没有履行这一责任或采取措施不力，造成损失扩大后果的，不但要对造成的损失负责，而且要对扩大后的损失负责。

72. 汽车所有人因汽车存在安全隐患被生产者、销售者召回的，由此产生的费用应由谁负担？

为了更好地保护被侵权人的权益，借鉴消费者权益保护法的相关规定，《民法典》第1206条规定，产品投入流通后发现存在缺陷的，生产者、销售者应当及时采取停止销售、警示、召回等补救措施。未及时采取补救措施或者补救措施不力造成损害扩大的，对扩大的损害也应当承担侵权责任。依据前款规定采取召回措施的，生产者、销售者应当负担被侵权人因此支出的必要费用。从而明确了被侵权人因相关产品召回支出的必要费用，由生产者、销售者承担。今后汽车因安全隐患被召回的，车辆所有人因此产生的必要费用应由车辆生产商、销售商负责。

73. 因为购买产品受到损害的可以请求什么赔偿?

购买产品受到损害的可能包括财产损害和人身损害,这两种损害均可以要求生产者和销售者予以赔偿。对于财产损害,受害人可以要求赔偿因为该产品而造成的实际损失,包括财产的直接损失和间接经济损失。对财产损失的赔偿,首先应当恢复原状。如无法恢复原状,侵害人可以按照该财产的现行价格将其折算成货币进行赔偿。对于人身损害,它分为一般伤害、致残伤害和致人死亡三种情况,依据给受害人造成的伤害不同,侵害人按照法律的规定进行赔付。

74. 明知产品存在缺陷仍然生产销售而致人伤亡的,消费者是否可以请求惩罚性赔偿?

明知产品存在缺陷仍然生产销售的属于主观恶性极大的一种故意行为,因此我国《民法典》和《消费者权益保护法》中都规定了对于这种行为的惩罚性赔偿。《民法典》第 1207 条规定,明知产品存在缺陷仍然生产、销售,或者没有依据前条规定采取补救措施,造成他人死亡或者健康严重损害的,被侵权人有权请求相应的惩罚性赔偿。《消费者权益保护法》第 55 条规定:“经营者提供商品或者服务有欺诈行为的,应当按照消费者的要求增加赔偿其受到的损失,增加赔偿的金额为消费者购买商品的价款或者接受服务的费用的三倍;增加赔偿的金额不足五百元的,为五百元。法律另有规定的,依照其规定。经营者明知商品或者服务存在缺陷,仍然向消费者提供,造成消费者或者其他受害人死亡或者健康严重损害的,受害人有权要求经营者依照本法第四十九条、第五十一条等法律规定赔偿损失,并有权要求所受损失二倍以下的惩罚性赔偿。”因此,如果生产者、销售者明知产品存在缺陷仍然生产销售而致人伤害的,消费者不但可就所受损害请求赔偿,还可以请求惩罚性赔偿。如此才能更好地保障消费者的合法权益，对不良生产者和销售者进行大力惩罚。

75. 家具生产商生产的一款桌子在售出后发生多起因桌子倾倒导致儿童受伤的事件，调查发现是由于设计上重心不稳所致，但家具生产商并未就此采取补救改进措施，仍然继续销售该款桌子，对此消费者可以要求家具生产商承担什么责任？

产品缺陷通常包括生产缺陷、经营缺陷和设计缺陷，设计缺陷是指产品在设计时在产品结构、配方等方面存在不合理的危险。依据《民法典》第1206条的规定，产品投入流通后发现存在缺陷的，生产者、销售者应当及时采取停止销售、警示、召回等补救措施。未及时采取补救措施或者补救措施不力造成损害扩大的，对扩大的损害也应当承担侵权责任。《民法典》第1207条规定，明知产品存在缺陷仍然生产、销售，或者没有依据前条规定采取补救措施，造成他人死亡或者健康严重损害的，被侵权人有权请求相应的惩罚性赔偿。该家具生产商生产的这款桌子存在设计问题，属于有设计缺陷的产品，依法在投入流通销售后发现问题时应当采取停止销售、警示、召回等补救措施，但该家具生产商在明知产品存在缺陷后未采取任何措施，并且依然进行销售，显然违反了《民法典》第1206条、第1207条的规定，由此对消费者造成损害的应承担相应侵权责任，如果造成他人死亡或健康严重损害的，被侵害人还可以要求家具生产商承担惩罚性赔偿责任。

第五章　机动车交通事故责任

76. 王某购买了甲客运公司由上海发往南京的长途汽车票，结果在车辆行驶过程中，因乘客李某与司机发生冲突导致车辆翻车而受伤，王某应如何主张自己的权益？

法律竞合是指某种法律事实的出现而导致两种或两种以上的权

利产生,并使这些权利之间发生冲突的现象。李某的行为导致客运公司客车翻倒,致王某受伤,侵犯了王某的生命健康权。甲客运公司没有将李某安全运送至目的地,违反了合同约定。在两种请求权发生竞合的情况下,王某有两种选择权,既可依据《民法典》第 823 条的规定起诉客运公司违约,也可以依据《民法典》第 1208 条的规定起诉李某与客运公司,王某可以综合赔偿标准、举证责任等因素选择对其有利的诉求来实现自己的权益。

77. 机动车与行人发生的交通事故中,何种情形下机动车驾驶人可以免责?

根据《民法典》第 1208 条的规定,机动车发生交通事故造成损害的,依照道路交通安全法律和本法的有关规定承担赔偿责任。《道路交通安全法》第 76 条规定,机动车发生交通事故造成人身伤亡、财产损失的,由保险公司在机动车第三者责任强制保险责任限额范围内予以赔偿;不足的部分,按照下列规定承担赔偿责任:(1)机动车之间发生交通事故的,由有过错的一方承担赔偿责任;双方都有过错的,按照各自过错的比例分担责任。(2)机动车与非机动车驾驶人、行人之间发生交通事故,非机动车驾驶人、行人没有过错的,由机动车一方承担赔偿责任;有证据证明非机动车驾驶人、行人有过错的,根据过错程度适当减轻机动车一方的赔偿责任;机动车一方没有过错的,承担不超过百分之十的赔偿责任。交通事故的损失是由非机动车驾驶人、行人故意碰撞机动车造成的,机动车一方不承担赔偿责任。

由此可见,这一规定更加倾向于保护行人的利益,这也是出于对在交通事故中,行人往往处于受损害较大地位的考量。因为即便是机动车驾驶人并无任何过错,在交通事故中行人依旧处于弱势。因此,机动车与行人发生事故并非都是要机动车负全责,而是根据双方过错情况确定责任分担。只不过出于对处于弱势地位的考量,即使机动车驾驶人没有任何过错，其也需要承担不超过10%的赔偿责任，我国更偏重于保护行人的利益。当然，如果有证据证明，造成交通事故的损失是由非机动车驾驶人、行人故意碰撞机动车造成的，机动车一方可以免责。

78. 在完全因为受害人的过错造成的机动车交通事故中，机动车驾驶人是否无须承担任何责任？

完全因为受害人的过错而造成的机动车交通事故，需要具体考虑受害人的过错程度，是受害人故意自伤抑或是受害人出于过于自信的过失，认为自己即使违反交通规则也不会造成什么严重的后果。(1)如果是受害人故意自伤的，机动车驾驶人无须承担责任，因为这种损害是受害人所积极追求的，机动车驾驶人没有任何过错，也无法控制和避免该类损害的发生。在此种情形下如果仍要求机动车驾驶人承担责任有失公平。(2)如果受害人并非故意自伤，是出于过失违背了交通规则，并不主动追求自身受伤害这一结果，只是因为疏忽等原因而导致了损害的发生的，在第三者责任强制险限额外的赔偿，机动车驾驶人承担不超过10%的部分，剩下的损失由受害人自己承担。这样规定考虑到了对受害人给予一定的补偿，也在一定程度上惩罚了不遵守交通规则以致发生交通事故的受害人，督促其提高交通安全意识。

79. 租赁机动车发生交通事故的如何承担责任？

随着共享经济的不断发展，机动车租赁市场不断壮大。交通事故中，租赁关系为背景发生的交通事故概率在不断上升。《民法典》第1209条规定，因租赁、借用等情形机动车所有人、管理人与使用人不是同一人时，发生交通事故造成损害，属于该机动车一方责任的，由机动车使用人承担赔偿责任；机动车所有人、管理人对损害的发生有过错的，承担相应的赔偿责任。

由此可见，在租赁关系下造成损害的交通事故，首先要明确其责任方。如果确定责任方为机动车一方的，由机动车使用人承担赔偿责任。毕竟，在交通事故发生时机动车使用人是交通事故的当事人之一，控制和驾驶该机动车的均是租赁关系中的承租人即使用人，如果机动车所有人、管理人对损害事实并没有过错，却要求其承担损害赔偿责任是有失公平的，当然如果机动车所有人、管理人对造成的损害事实存在过错的也要承担相应的赔偿责任。

80. 将机动车出租、出借给他人使用时发生机动车交通事故的，车主是否无须承担责任？

将机动车出租或借给他人使用时发生交通事故的，此时机动车的实际使用人与所有人并非同一人。依据《民法典》第 1209 条的规定，因租赁、借用等情形机动车所有人、管理人与使用人不是同一人时，发生交通事故造成损害，属于该机动车一方责任的，由机动车使用人承担赔偿责任；机动车所有人、管理人对损害的发生有过错的，承担相应的赔偿责任。

由此可见，机动车车主、管理人只有在对损害的发生存在过错的前提下，才要承担相应的赔偿责任。实践中车主存在以下情形时，需要承担相应的赔偿责任：(1) 车主作为车辆所有人，在出租、出借机动车时，未尽到严格的审查义务的，如将车辆出租、出借给不具有驾驶证的人、未成年人、醉酒人等，车主主观上存在过错，因此发生交通事故的；(2) 当车辆存在安全运行瑕疵时，车主因疏忽大意未向承租人或借车人履行告知义务，因车辆瑕疵而导致交通事故的；(3) 车主在出租、出借车辆时故意不告知或保证车辆无瑕疵的，因瑕疵而发生交通事故。在第三种情形下，车主的故意隐瞒是导致发生事故的主要原因，所以，此时车主需作为单独赔偿主体承担全部事故赔偿责任。在此也提醒广大车主，当碍于情面将车辆临时出借时，为了防止法律风险，一定要严格审查借车人的情况，如是否具有驾驶资格、是否是未成年人等，同时要如实履行告知义务。

81. 未办理登记但已买卖并交付的机动车辆发生交通事故，责任由谁承担？

甲将使用了未满3年的越野车卖给乙，双方钱款付清，车辆也交付给了乙，但未依法办理登记手续。结果乙驾驶车辆行驶过程中发生交通事故撞伤了人，经确定交通事故责任属于机动车驾驶一方。本案中交通事故责任如何确定？根据《民法典》第1210条的规定，当事人之间已经以买卖或者其他方式转让并交付机动车但是未办理登记，发生交通事故造成损害，属于该机动车一方责任的，由受让人承担赔偿责任。因此，虽然机动车未进行所有权变更登记，但甲已经不是该机动车实际占有人，而乙属于事实占有人、机动车驾驶人，并且交通事故责任方在于乙，因此，损害赔偿责任应由乙承担。

82. 以挂靠形式从事经营活动的机动车发生交通事故，如何承担责任？

《民法典》第1211条规定，以挂靠形式从事道路运输经营活动的机动车，发生交通事故造成损害，属于该机动车一方责任的，由挂靠人和被挂靠人承担连带责任。故如果是挂靠形式从事道路运输活动的机动车发生交通事故造成损害，经公安机关交通管理部门根据我国《道路交通安全法》出具事故认定书，认为属于机动车一方责任的，由挂靠人和被挂靠人承担连带责任。

83. 未经车主同意擅自驾驶他人车辆导致交通事故损害的，如何承担责任？

成年儿子甲大学暑假期间未经其父亲乙允许，驾驶其父亲的车辆外出与同学聚会,后甲在驾驶过程中不慎发生交通事故,导致路人丙被撞受伤送往医院经医院救治后无效死亡。经过公安机关交通管理部门进行事故鉴定,责任方属于驾驶机动车一方即甲是事故责任方。在这种情况下,依据《民法典》第1212条的规定,未经允许驾驶他人机动车,发生交通事故造成损害,属于该机动车一方责任的,由机动车使用人承担赔偿责任;机动车所有人、管理人对损害的发生有过错的,承担相应的赔偿责任,但是本章另有规定的除外。由此可见,甲作为机动车实际使用者未经父亲同意私自驾驶车辆,对本次交通事故有不可推卸的责任,应当对此次的交通事故承担相应的责任。作为甲的父亲机动车实际所有人乙,如果对此次交通事故损害的发生有明显过错的,也将承担相应的责任。

84. 机动车发生交通事故后,如果该机动车没有购买任何保险,受害人应找谁赔偿自己的损失?

现实中为了省钱不买商业保险,甚至有些人根本就不依法购买强制保险的情况时常发生,这使一旦发生交通事故受害人维权会变得十分困难。在这种情况下,依据《民法典》第1213条的规定,机动车发生交通事故造成损害,属于该机动车一方责任的,先由承保机动车强制保险的保险人在强制保险责任限额范围内予以赔偿;不足部分,由承保机动车商业保险的保险人按照保险合同的约定予以赔偿;仍然不足或者没有投保机动车商业保险的,由侵权人赔偿。由此可见,在出事的机动车没有购买任何保险的情况下,受害人只能找侵权人赔偿,如果侵权人没有赔偿的能力,受害人的权益将很难得到保障。

85. 机动车发生交通事故后,参保车辆的赔付顺序是什么?

《民法典》第1213条规定,机动车发生交通事故造成损害,属于该机动车一方责任的,先由承保机动车强制保险的保险人在强制保险责任限额范围内予以赔偿;不足部分,由承保机动车商业保险的保险人按照保险合同的约定予以赔偿;仍然不足或者没有投保机动车商业保险的,由侵权人赔偿。由此可见,机动车发生交通事故并造成损害后果的,鉴定认为属于机动车一方责任的,具体赔偿顺序为,先由承保机动车强制保险的保险人在强制保险责任限额范围内予以赔偿,不足部分由保险人按照保险合同的约定予以赔偿,仍然不足的部分,由侵权人赔偿。对侵权人而言其赔偿压力因保险公司的存在而相应的减轻,因而车辆保险行为可以更好地保证受害人即被侵害人的权益。

86. 买卖或者以其他方式转让拼装或者已达到报废标准的机动车发生交通事故的,如何承担责任?

《道路交通安全法》第 14 条规定:"国家实行机动车强制执行报废制度,根据机动车的安全技术状况和不同用途,规定不同的报废标准。"达到报废标准的机动车不得上路行驶。可知,已经报废的机动车本就不该上路行驶。《民法典》第 1214 条规定,以买卖或者其他方式转让拼装或者已经达到报废标准的机动车,发生交通事故造成损害的,由转让人和受让人承担连带责任。可见,已经报废的车辆发生交通事故造成损害的,转让人和受让人要承担无过错的连带责任,而并不考虑驾驶人在该交通事故中是否具有过错,之所以如此规定主要出于两方面考量,一是出于安全的考虑,已经报废的机动车上路行驶存在极大的安全隐患,所以法律禁止已经报废的机动车再上路行驶。二是我国并不鼓励对拼装车、已经报废的机动车进行买卖交易、转让,并希望以此来减少拼装车或者已报废车辆的擅自转让。

87. 被盗窃车辆发生机动车交通事故的,被盗车的车主是否需要承担责任?

《民法典》第 1215 条规定,盗窃、抢劫或者抢夺的机动车发生交通事故造成损害的,由盗窃人、抢劫人或者抢夺人承担赔偿责任。盗窃人、抢劫人或者抢夺人与机动车使用人不是同一人,发生交通事故造成损害的,属于该机动车一方责任的,由盗窃人、抢劫人或者抢夺人与机动车使用人承担连带责任。例如,甲的车辆不慎被乙偷,随后乙驾驶该车辆逃跑途中发生机动车交通事故,导致丙抢救无效后死亡,经确定该交通事故责任方为机动车一方。此案中,虽然该机动车归甲所有,但该机动车被乙偷去后导致车主甲对该机动车失去控制,并且该机动车被盗窃也属于意料外的事件,并非车主甲的本意。因此,盗窃人乙作为机动车驾驶人、盗窃人,理应对被盗窃车辆造成的机动车交通事故中丙的死亡负责。

88. 小偷甲偷来车后借给其不知情的朋友乙开,结果乙在行驶中撞死了人,这种情况下责任如何承担?

依据《民法典》第 1215 条的规定,盗窃、抢劫或者抢夺的机动车发生交通事故造成损害的,由盗窃人、抢劫人或者抢夺人承担赔偿责任。盗窃人、抢劫人或者抢夺人与机动车使用人不是同一人,发生交通事故造成损害的,属于该机动车一方责任的,由盗窃人、抢劫人或者抢夺人与机动车使用人承担连带责任。虽然乙不知道甲的车是偷来的,但不影响事情的性质和责任的承担,这种情况属于偷车人和机动车使用人不是同一人的情形,如果交通事故责任在机动车一方,应由甲和乙共同承担连带责任。

89. 因机动车一方过错发生交通事故,而后驾驶人员逃逸的,受害人如何维权?

《民法典》第 1216 条规定,机动车驾驶人发生交通事故后逃逸,该机动车参加强制保险的,由保险人在机动车强制保险责任限额范围内予以赔偿;机动车不明、该机动车未参加强制保险或者抢救费用超过机动车强制保险责任限额，需要支付被侵权人人身伤亡的抢救、丧葬等费用的，由道路交通事故社会救助基金垫付。道路交通事故社会救助基金垫付后，其管理机构有权向交通事故责任人追偿。故对受害人而言，在明确交通事故损害责任是机动车一方时，受害人在驾驶人员逃逸的情况下可以向保险公司追偿。同时，为了更好地保护受害人即被侵权人的权益，如果肇事车辆没有参加保险的，受害人可以申请由交通事故社会救助基金先行垫付抢救费用、丧葬费用等，管理机构对被害人进行垫付后，有权向交通事故责任人进行追偿。

90. 甲搭朋友乙的便车结果发生交通事故导致自己损害的，甲应找谁承担责任？

《民法典》第1217条规定，非营运机动车发生交通事故造成无偿搭乘人损害，属于该机动车一方责任的，应当减轻其赔偿责任，但是机动车使用人有故意或者重大过失的除外。因此，在好意同乘的情况下由驾驶机动车的乙承担赔偿责任，但考虑到乙是无偿提供搭车便利的，出于公平原则法律规定此种情况下应当减轻乙的赔偿责任。

第六章　医疗损害责任

91.《民法典》中医疗机构承担损害赔偿责任的情形有哪些？

《民法典》第1218、1219、1221、1224条规定了医疗机构承担侵权损害赔偿责任的情形。《民法典》第1218条规定，患者在诊疗活动中受到损害，医疗机构或者其医务人员有过错的，由医疗机构承担赔偿责任。第1219条规定，医务人员在诊疗活动中应当向患者说明病情和医疗措施。需要实施手术、特殊检查、特殊治疗时，医务人员应当及时向患者具体说明医疗风险、替代医疗方案等情况，并取得其明确同意；不能或者不宜向患者说明的，应当向患者的近亲属说明，并取得其明确同意。医务人员未尽到前款义务，造成患者损害的，医疗机构应当承担赔偿责任。第1221条规定，医务人员在诊疗活动中未尽到与当时的医疗水平相应的诊疗义务，造成患者损害的，医疗机构应当承担赔偿责任。第1224条规定，患者在诊疗活动中受到损害，有下列情形之一的，医疗机构不承担赔偿责任：（1）患者或者其近亲属不配合医疗机构进行符合诊疗规范的诊疗；（2）医务人员在抢救生命垂危的患者等紧急情况下已经尽到合理诊疗义务；（3）限于当时的医疗水平难以诊疗。前款第1项情形中，医疗机构或者其医务人员也有过错的，应当承担相应的赔偿责任。

92. 医疗人员在何种情形下，需要向患者说明具体医疗风险并取得其明确同意？

根据我国《民法典》第1219条的规定，医务人员在诊疗活动中应当向患者说明病情和医疗措施。需要实施手术、特殊检查、特殊治疗的，医务人员应当及时向患者具体说明医疗风险、替代医疗方案等情况，并取得其明确同意；不能或者不宜向患者说明的，应当向患者的近亲属说明，并取得其明确同意。医务人员未尽到前款义务，造成患者损害的，医疗机构应当承担赔偿责任。医疗人员与患者某种程度上是一种相互信任、相互依赖的关系，对于患者而言与医务人员保持良好的沟通在诊疗过程中十分重要。一方面，患者对自己的病情及需要实施手术、特殊检查、特殊治疗有知情权；另一方面，医务人员也有义务如实告知患者在接受诊疗、手术时的医疗风险。当需要实施手术、特殊检查、特殊治疗时，医疗人员应当向患者说明情况并取得其明确同意。不能或者不宜向患者说明的，其近亲属有权获得来自医疗人员对患者所需手术、特殊检查、特殊治疗的说明，并需要取得患者近亲属的明确同意。否则，一旦造成患者损害，医疗机构需要承担赔偿责任。

93. 患者性命垂危情况紧急时如找不到近亲属授权，是否可以获得应有的治疗？

现实生活中，患者被送入医院往往生命垂危。很多时候，这时的患者自己无法授权医疗机构对其进行及时应有的医疗救治。如果又无法获得其近亲属授权，患者将可能失去最佳的救治机会。因此《民法典》第1220条规定，因抢救生命垂危的患者等紧急情况，不能取得患者或者其近亲属意见的，经医疗机构负责人或者授权的负责人批准，可以立即实施相应的医疗措施。这样规定，也是出于对患者生命权益的合法维护，能够更好地保护患者得到医疗机构及时的救治。由此可见，如果不能取得患者及其近亲属意见，医疗机构本着救死扶伤的宗旨，将由医疗机构的负责人或授权的负责人对患者进行相应的救治，以最大限度地保护患者的生命权益。

94. 在哪些情况下可以认定医疗机构及其工作人员存在过错？

根据《民法典》第1222条的规定，患者在诊疗活动中受到损害，有下列情形之一的，推定医疗机构有过错：(1)违反法律、行政法规、规章以及其他有关诊疗规范的规定；(2)隐匿或者拒绝提供与纠纷有关的病历资料；(3)遗失、伪造、篡改或者违法销毁病历资料。

由此可见，我国规定的医疗损害责任是一种过错责任的制度规定，且是在诊疗活动中受到损害的前提条件下，上述情形发生才能根据相应的法律法规认定医疗机构需要承担责任。首先医护人员是否存在过错，实践中需要按主客观标准进行判断。主观标准是人的内心活动，对其的判断应以客观的表现来判断，医疗机构是救死扶伤的机构，医护人员应提供适当的医疗服务，因此，医护人员应具备相应的医疗水平，不能以技术水平有限为由而免责。即根据医护人员所受教育程度、工作年限、所在医疗机构的规模级别、所从事的专业等方面考察他是否达到了与其条件相同的其他人员所达到的平均水平，对于达不到相应技术水平而出现的误诊误治的应认定其有过错。客观标准主要考察医护人员是否违反了其法定义务。由于法律的强制性规定，医护人员负有不得拒绝为患者诊治、抢救的义务；负有请会诊、转诊、转院的义务。除此之外，在医疗诊治过程中不得违反“注意义务”、“预见义务”、“告知义务”及“取得同意义务”。其次要确定是何种过错。过错包括故意和过失，过失包括疏忽大意的过失及过于自信的过失。对于医疗损害责任的过错应该是过失，如果是医护人员故意造成患者损害的，则应该追究其刑事责任或者人身损害责任，而不是医疗损害责任。

95. 患者因输入不合格的血液造成损害的，其损害责任由谁承担？

对患者而言，接受治疗的过程本就十分辛苦，因输入不合格的血液造成的损害对其而言无疑是雪上加霜。依据《民法典》第 1223 条的规定，因药品、消毒产品、医疗器械的缺陷，或者输入不合格的血液造成患者损害的，患者可以向药品上市许可持有人、生产者、血液提供机构请求赔偿，也可以向医疗机构请求赔偿。患者向医疗机构请求赔偿的，医疗机构赔偿后，有权向负有责任的药品上市许可持有人、生产者、血液提供机构追偿。《民法典》将医疗机构列入患者请求求偿权的一方是十分合理、公平的，因为相对于患者而言医疗机构是更加熟悉药品、消毒产品、医疗器械等缺陷，最能更早发现血液不合格问题的一方，并且医疗机构也是与这些产品提供者接触最密切的一方，况且医疗机构赔偿后，还有权继续向负有责任的提供机构进行追偿。据此受到损害的患者有权选择向血液提供机构请求赔偿，也可以选择向医疗机构请求赔偿。

96. 患者在诊疗过程中受到损害，哪些情形医疗机构可以主张免责？

《民法典》第 1224 条规定，患者在诊疗活动中受到损害，有下列情形之一的，医疗机构不承担赔偿责任：(1)患者或者其近亲属不配合医疗机构进行符合诊疗规范的诊疗；(2)医务人员在抢救生命垂危的患者等紧急情况下已经尽到合理诊疗义务；(3)限于当时的医疗水平难以诊疗。前款第一项情形中，医疗机构或者其医务人员也有过错的，应当承担相应的赔偿责任。由此可见，在上述 3 种情形下医疗机构是可以免责的。但为了更好地、更全面地保护患者的权益，即便是出现上述 3 种情形，如果医疗机构或医务人员也有过错，仍要承担相应的责任。

97. 患者病历资料包括哪些？

依据《民法典》第 1225 条的规定，住院志、医嘱单、检验报告、手术及麻醉记录、病理资料、护理记录等均属于病历资料。同时，根据我国《医疗机构病历管理规定》第 15 条规定，医疗机构可以为申请人复印或者复制的病历资料包括：门(急)诊病历和住院病历中的住院志(即入院记录)、体温单、医嘱单、化验单(检验报告)、医学影像检查资料、特殊(治疗)检查同意书、手术同意书、手术及麻醉记录单、病历报告、护理记录、出院记录。患者要求查阅、复制前款规定的病历资料的，医疗机构应当及时提供。

98. 医疗机构泄露患者病历信息是否需要承担责任？

根据《民法典》第 1226 条的规定，医疗机构及其医务人员应当对患者的隐私和个人信息保密。泄露患者的隐私和个人信息，或者未经患者同意公开其病历资料的，应当承担侵权责任。在我国，公民个人隐私及个人信息受到法律保护。《民法典》第111条规定,自然人的个人信息受法律保护。任何组织或者个人需要获取他人个人信息的,应当依法取得并确保信息安全,不得非法收集、使用、加工、传输他人个人信息,不得非法买卖、提供或者公开他人个人信息。患者在医疗机构接受治疗的病历资料属于患者个人隐私并受到法律保护,如果医疗机构及医务人员泄露了患者的隐私及个人信息,或者未征得其本人同意就公开了患者病历资料的,将可能会给患者带来人格利益,甚至是财产利益的影响。所以无论是医疗机构还是医务工作者,泄露患者的隐私和个人信息,或未经患者同意公开其病历资料的,都需要承担相应的侵权责任。

99. 医院乱开检查单需要承担什么责任?

现实生活中,存在一些无良医院和医生重复检查、乱检查的现象,如采取重复挂号,重复化验、检查、治疗或者无指征化验、检查、治疗,分解住院或者无指征住院等方式,虚构或者提供不必要的医疗服务等方式让患者多花钱。相比于医生,患者由于受专业知识的限制,并不能够完全理解就诊中许多的医学用语、医学常识等。如果再碰到部分医疗机构及医务人员为实现个人及单位绩效,而向患者开出一些不必要的检查项目,对患者来说是雪上加霜,由此可能导致激烈的医患矛盾。因此,《民法典》第1227条明确规定,医疗机构及其医务人员不得违反诊疗规范实施不必要的检查。医院或医生如果乱开检查项目在法律上属侵权,要承担相应的侵权责任。

100. 遇到医闹时,医疗机构如何维权?

医闹是指医疗纠纷的患者方,采取各种途径以严重妨碍医疗秩序、扩大事态、给医院造成负面影响的形式给医院施加压力并从中牟利的行为。医疗纠纷是现实生活中常会发生的生活问题,近年来全国各地屡次发生医闹事件。医生本是保障人民群众生命安全的重要人员，但是近年来各地屡次发生医闹事件，严重地危害了医护人员的生命安全。这不仅不利于解决医疗纠纷，还会让医生与患者的关系更加紧张，医生不满患者，患者不信任医生。为此《民法典》第 1228 条规定，医疗机构及其医务人员的合法权益受法律保护。干扰医疗秩序，妨碍医务人员工作、生活，侵害医务人员合法权益的，应当依法承担法律责任。《刑法》第 290 条规定，聚众扰乱社会秩序，情节严重，致使工作、生产、营业和教学、科研、医疗无法进行，造成严重损失的，对首要分子，处三年以上七年以下有期徒刑；对其他积极参加的，处三年以下有期徒刑、拘役、管制或者剥夺政治权利。由此可见，我国法律是十分重视保护医务人员的合法权益的。

101. 医疗美容损害责任纠纷如何适用法律规定？

明确医疗美容损害责任纠纷的法律适用规则，对于规范医疗美容行业健康有序发展、维护广大人民群众的健康利益具有重要意义。《民法典》第 1218 条规定，患者在诊疗活动中受到损害，医疗机构及其医务人员有过错的，由医疗机构承担赔偿责任。医疗美容损害责任纠纷是否适用第 1218 条呢？《最高人民法院关于审理医疗损害责任纠纷案件适用法律若干问题的解释》第 1 条规定："患者以在诊疗活动中受到人身或者财产损害为由请求医疗机构，医疗产品的生产者、销售者、药品上市许可持有人或者血液提供机构承担侵权责任的案件，适用本解释。患者以在美容医疗机构或者开设医疗美容科室的医疗机构实施的医疗美容活动中受到人身或者财产损害为由提起的侵权纠纷案件，适用本解释。当事人提起的医疗服务合同纠纷案件，不适用本解释。"可见，因医疗美容损害导致的医疗责任纠纷应属于《民法典》中第 1218 条规定的诊疗活动。

102. 在医院发生摔伤或者抱错婴儿这类事情，医疗机构是否承担医疗损害责任？

《民法典》第 1218 条规定，患者在诊疗活动中受到损害，医疗机构及其医务工作人员有过错的，由医疗机构承担赔偿责任。由此可见，判断某一活动是否属于诊疗活动则是认定的关键。而在医院发生摔伤、抱错婴儿这样的事实并不属于医院这样的医疗机构从事诊疗活动的范围。因此，若由医疗机构承担医疗损害赔偿责任是欠妥的。但是，医疗机构毕竟是公共场所，医疗机构应当承担相应的安全保障义务。如果因医院地面滑而导致摔伤，并有证据证明医疗机构确实存在过错的，医疗机构应当要承担与其过错相对应的责任。而至于抱错婴儿这类事件，如果医疗机构及其医务人员存在管理上的失误、疏漏，并给受害人造成巨大损害的，医疗机构也是要承担相应责任的。

103. 在哪些情况下可以认定医疗机构及其工作人员存在过错？

根据《民法典》第 1222 条的规定，患者在诊疗活动中受到损害，有下列情形之一的，推定医疗机构有过错：(1) 违反法律、行政法规、规章以及其他有关诊疗规范的规定；(2) 隐匿或者拒绝提供与纠纷有关的病历资料；(3) 遗失、伪造、篡改或者违法销毁病历资料。由此可见，我国规定的医疗损害责任是一种过错责任，且以在诊疗活动中受到损害为前提条件。实践中，医护人员是否存在过错，则需要按主客观标准进行判断。主观标准是人的内心活动，对其的判断应以客观的表现来判断，医疗机构是担负救死扶伤的机构，医护人员应提供适当的医疗服务，因此，医护人员应具备相应的医疗水平，不能以技术水平有限为由而免责。即根据医护人员所受教育程度、工作年限、所在医疗机构的规模级别、所从事的专业等方面考察他是否达到了与其条件相同的其他人员所达到的平均水平，对于达不到相应技术水平而出现的误诊误治的应认定其有过错。客观标准主要考察医护人员是否违反了其法定义务。由于法律的强制性规定，医护人员负有不得拒绝为患者诊治、抢救的义务；负有请会诊、转诊、转院的义务。除此之外，在医疗诊治过程中不得违反“注意义务”、“预见义务”、“告知义务”及“取得同意义务”。其次确定是何种过错。过错包括故意和过失，过失包括疏忽大意的过失及过于自信的过失。医疗损害责任的过错应该是过失，如果是医护人员故意造成患者损害，应该追究其刑事责任或者人身损害责任，而不是医疗损害责任。

104. 患者签署了知情同意书是否意味着医院能够当然免除责任？

根据《民法典》第1219条的规定，医务人员在诊疗活动中应当向患者说明病情和医疗措施。需要实施手术、特殊检查、特殊治疗的，医务人员应当及时向患者具体说明医疗风险、替代医疗方案等情况，并取得其明确同意；不能或者不宜向患者说明的，应当向患者的近亲属说明，并取得其明确同意。医务人员未尽到前款义务，造成患者损害的，医疗机构应当承担赔偿责任。从法律的角度，签署知情同意书实际上是一种授权行为，即允许医生在身体上开刀以治疗患者疾病，使得医疗机构及其医务人员实施的具有一定“破坏性”的手术合法化。根据《民法典》第1219条的规定，患者本人及其近亲属是享有知情权的，即对在诊疗活动中可能出现的风险有权利知晓。签署知情同意书是对患者及其近亲属履行知情权的表现，并不是医疗机构免责的事由。医院是否要承担侵权责任，关键要看是否对患者造成损害以及后果如何，故医院等医疗机构不能以患者已经签署了知情同意书为理由来推卸责任。

105. 药品、医疗器械等存在缺陷导致损害的，医院是否承担责任？

《民法典》第 1223 条规定，因药品、消毒产品、医疗器械的缺陷，或者输入不合格的血液造成患者损害的，患者可以向药品上市许可持有人、生产者、血液提供机构请求赔偿，也可以向医疗机构请求赔偿。患者向医疗机构请求赔偿的，医疗机构赔偿后，有权向负有责任的药品上市许可持有人、生产者、血液提供机构追偿。由此可见，为了更好地保护被损害人的权利，我国法律规定患者可以向医疗机构请求赔偿，也可以向负有责任的生产者或者血液提供机构请求赔偿，把请求赔偿的选择权留给了患者。如此规定的原因在于，现实生活中药品、医疗器材都是医院在日常诊疗过程中经常需要用到的，相比于患者而言医院虽不是这些药品、器材的直接生产者，却更加了解、熟悉这些药品、医疗器材的性能。医院此时的角色更像是药品、医疗器材的销售者，根据需要提供给患者。因此，将选择权交给患者是更加公平的考量。只是对医疗机构而言，医疗机构与有责任的药品上市许可持有人、生产者、血液提供机构之间形成了连带责任。即如果患者选择医疗机构来求偿，医疗机构不得拒绝，只是在赔偿之后可以向负有责任的生产者来追偿，以维护医疗机构自身的合法权益。

106. 哪些情形可以视作不能取得患者近亲属意见的法定情形？

《民法典》第 1220 条规定，因抢救生命垂危的患者等紧急情况，不能取得患者或者其近亲属意见的，经医疗机构负责人或者授权的负责人批准，可以立即实施相应的医疗措施。《最高人民法院关于审理医疗损害责任纠纷案件适用法律若干问题的解释》第 18 条规定："因抢救生命垂危的患者等紧急情况且不能取得患者意见时，下列情形可以认定为民法典第一千二百二十条规定的不能取得患者近亲属意见：

(一)近亲属不明的；(二)不能及时联系到近亲属的；(三)近亲属拒绝发表意见的；(四)近亲属达不成一致意见的；(五)法律、法规规定的其他情形。前款情形，医务人员经医疗机构负责人或者授权的负责人批准立即实施相应医疗措施，患者因此请求医疗机构承担赔偿责任的，不予支持；医疗机构及其医务人员怠于实施相应医疗措施造成损害，患者请求医疗机构承担赔偿责任的，应予支持。”

107. 医院是否可以拒绝患者查阅、复制其病历资料？

《民法典》第1225条规定，医疗机构及其医务人员应当按照规定填写并妥善保管住院志、医嘱单、检验报告、手术及麻醉记录、病理资料、护理记录等病历资料。患者要求查阅、复制前款规定的病历资料的，医疗机构应当及时提供。病历资料是患者治疗过程的一个书面记录，患者作为病历资料所记录的当事人，当然有权查阅和复制其病历资料。有关法律有明确规定，患者有权复印或者复制其门诊病历、住院志、体温单、医嘱单、化验单(检验报告)、医学影像检查资料、特殊检查同意书、手术同意书、手术及麻醉记录单、病理资料、护理记录以及国务院卫生行政部门规定的其他病历资料。患者要求复印或者复制病历资料的，医疗机构应当提供复印或者复制服务并在复印或者复制的病历资料上加盖证明印记。复印或者复制病历资料时，应当有患者在场。因为这类病历资料可能涉及患者隐私信息，所以医院等医疗机构在处理时必须慎重，有的医疗机构可能还有对病历资料进行存档的要求，但是医院已归档不能作为阻止患者查阅和复制自身病历资料的借口，这属于患者的知情权的内容。所以，医生应该清晰地书写患者的病历资料，医院等医疗机构应该妥善保管患者的病历资料并对患者查阅、复制其病历资料的要求提供必要的便利。

108. 患者在手术中因医务人员过错致其死亡，谁来承担责任？

根据《民法典》第1218条的规定，患者在诊疗活动中受到损害，医疗机构或者其医务人员有过错的,由医疗机构承担赔偿责任。若有患者在手术过程中因医务人员过错导致其不幸死亡,患者近亲属有权向医疗机构请求损害赔偿。之所以由医疗机构来作为侵权赔偿主体,主要是为了更好地保护受害人的权益。医务人员与医疗机构是管理与被管理的劳动法律关系,双方属于劳动合同关系,相比于医务人员,医疗机构更具有赔偿损害的实力。

109. 医生篡改病历是否违法?

依据《民法典》第 1222 条规定,患者在诊疗活动中受到损害的,如果医疗机构有遗失、伪造、篡改或者违法销毁病历资料的行为,则直接推定医疗机构有过错。由此可见,篡改病历行为是为法律所决不允许的。《执业医师法》第 23 条也规定:“医师实施医疗、预防、保健措施,签署有关医学证明文件,必须亲自诊查、调查,并按照规定及时填写医学文书,不得隐匿、伪造或者销毁医学文书及有关资料。”如果有医生篡改病历的,该医生和医院不仅要承担相应民事责任,医生本人还可能面临卫生行政部门给予的警告或者暂停 6 个月以上 1 年以下执业活动的行政处罚,情节严重的,还会被吊销执业证书,构成犯罪的,则依法追究刑事责任。

第七章　环境污染责任

110. 环境污染包括哪些形式?

环境污染,是指人类直接或间接地向环境排放超过其自净能力的物质或能量,从而使环境的质量降低,对人类的生存与发展、生态系统和财产造成不利影响的现象。具体包括污染水源、污染大气、污染土地、污染海洋、破坏森林草原和野生生物、破坏自然景观、破坏人文景观、破坏矿藏等自然资源。常见的有水污染、大气污染、噪声污染等。

水污染是指水体因某种物质的介入，而导致其化学、物理、生物或者放射性污染等方面特性的改变，从而影响水的有效利用，危害人体健康或者破坏生态环境，造成水质恶化的现象。大气污染是指空气中污染物的浓度达到有害程度，以致破坏生态系统和人类正常生存和发展的条件，对人和生物造成危害的现象。噪声污染是指所产生的环境噪声超过国家规定的环境噪声排放标准，并干扰他人正常工作、学习、生活的现象。随着经济的发展，环境污染问题也日渐严重，为此我国《民法典》也设专章规定了环境污染责任，以期对一些与人们生活密切相关的环境污染行为作出规制。

111. 破坏生态环境承担侵权责任需满足哪些条件？

《民法典》第 1229 条规定，因污染环境、破坏生态造成他人损害的，侵权人应当承担侵权责任。由此可见，在我国破坏生态环境承担侵权责任通常只需满足两个条件即可，一是有污染环境、破坏生态的行为，二是该行为造成了损害事实。

112. 关于环境污染、生态破坏的举证责任是如何规定的？

举证责任的分配一般遵循“谁主张，谁举证”，即“谁主张积极事实，谁承担证明责任，而主张消极事实的人不承担证明责任”。对于侵权纠纷，原则上是由受害方对侵权责任的构成要件（一般为侵权行为、因果关系、损害后果、加害人过错四要件；如果无过错责任原则为行为、结果、因果关系三要件）承担证明责任。但考虑到举证责任的难度，《民法典》第 1230 条规定，因污染环境、破坏生态发生纠纷，行为人应当就法律规定的不承担责任或者减轻责任的情形及其行为与损害之间不存在因果关系承担举证责任。即环境污染、生态破坏适用无过错责任原则，规定由被告对免责事由或对无因果关系进行举证。

113. 当环境污染侵权主体为多人时，其责任承担如何分配？

现实生活中环境污染案件往往因侵权主体众多、损害后果严重等因素导致该类案件颇为复杂，不仅难以界定各侵权责任的大小，又难以为受害人有效实现维权。为此，《民法典》第1231条规定，两个以上侵权人污染环境、破坏生态的，承担责任的大小，根据污染物的种类、浓度、排放量，破坏生态的方式、范围、程度，以及行为对损害后果所起的作用等因素确定。这样的规定在一定程度上就解决了因侵权主体众多可能导致难以合理界定责任大小的问题。

114. 在环境污染案件中，受害人可否主张惩罚性赔偿？

惩罚性赔偿制度，是指为达到惩罚不法行为人、赔偿受害人所受损失以及遏制类似不法行为再次发生的目的，由法院根据具体案件的实际情况，综合考量受害人损失程度、加害人恶意主观程度等诸多因素后，最终作出判决不法行为人支付超出被害人实际损失的一种赔偿制度。倾向法律实用主义的英美法系国家广泛适用该制度，而大陆法系国家始终遵循损害与赔偿相适应原则。惩罚性赔偿金制度首次在我国1993年《消费者权益保护法》中出现。随着社会生产力的不断发展，采取传统的补偿性赔偿制度处理具体案件已经无法充分体现公平和公正性。为了加大环境保护力度，更好地惩戒环境破坏者，《民法典》第1232条设置了惩罚性赔偿的措施，规定侵权人违反法律规定故意污染环境、破坏生态造成严重后果的，被侵权人有权请求相应的惩罚性赔偿。依此规定如果侵权人故意违反国家规定污染环境、破坏生态造成严重后果的，被侵权人有权请求相应的惩罚性赔偿。

115. 在环境污染侵权纠纷中，被侵权人只能请求侵权人承担侵权责任吗？

现实生活中，因环境污染、生态破坏导致的侵权纠纷造成的损害后果,向侵权人主张权利救济并不是唯一的途径。根据《民法典》第1233条的规定,因第三人的过错污染环境、破坏生态的,被侵权人可以向侵权人请求赔偿,也可以向第三人请求赔偿。侵权人赔偿后,有权向第三人追偿。当侵害后果是因第三人过错导致的,考虑到被侵权人权利及利益的维护,受害人可以向第三人请求赔偿。而侵权人与第三人之间构建了连带责任,侵权人承担了损害赔偿责任后可以向第三人进行追偿。这样可以更好地保护被侵权人的合法权益。

116. 侵权人违反国家规定破坏生态环境的,只能选择损害赔偿的途径吗?

《民法典》第1234条规定,违反国家规定造成生态环境损害,生态环境能够修复的,国家规定的机关或者法律规定的组织有权请求侵权人在合理期限内承担修复责任。侵权人在期限内未修复的,国家规定的机关或者法律规定的组织可以自行或者委托他人进行修复,所需费用由侵权人负担。可见,国家对于破坏生态环境造成损害后果的侵权行为,并不是采取简单"一刀切"的金钱赔偿的做法,而是坚持了实事求是、科学包容的态度,更坚持了具体问题具体分析的工作思路。对于可以修复的生态环境以修复为主,并为侵权人规定了合理期间内修复生态环境的责任,相当于一次将功补过的改错机会。同时,又科学合理地规定了侵权人懈怠履行职责时,有关机关及组织可以采取自行修复、委托修复的方式,尽早完成被破坏的生态环境的修复职责,并有权利向被侵权人进行费用追偿的制度。整个制度设计科学、合理,权利义务设定公平公正。

117. 违反国家规定造成生态环境破坏的,侵权人可能会面临哪些赔偿项目?

根据《民法典》第1235条的规定,违反国家规定造成生态环境损害的，国家规定的机关或者法律规定的组织有权请求侵权人赔偿下列损失和费用：(1)生态环境受到损害至修复完成期间服务功能丧失导致的损失；(2)生态环境功能永久性损害造成的损失；(3)生态环境损害调查、鉴定评估等费用；(4)清除污染、修复生态环境费用；(5)防止损害的发生和扩大所支出的合理费用。

118.《民法典》中生态环境修复费用如何确定？

《民法典》第1234条规定，违反国家规定造成生态环境损害，生态环境能够修复的，国家规定的机关或者法律规定的组织有权请求侵权人在合理期限内承担修复责任。侵权人在期限内未修复的，国家规定的机关或者法律规定的组织可以自行或者委托他人进行修复，所需费用由侵权人负担。因此，修复费用应由侵权人支付，如果侵权人在期限内不修复也不支付费用的，国家规定的机关或组织修复后可以向侵权人追偿。

119.造成环境污染情节严重的可能会被判刑吗？

《民法典》第1229条规定，因污染环境、破坏生态造成他人损害的，侵权人应当承担侵权责任。但如果污染环境行为严重的，不仅要承担民事责任而且有可能要承担刑事责任。《刑法》第338条规定："排放、倾倒或者处置有放射性的废物、含传染病病原体的废物、有毒物质或者其他有害物质，严重污染环境的，处三年以下有期徒刑或者拘役，并处或者单处罚金；后果特别严重的，处三年以上七年以下有期徒刑，并处罚金。"

120.因为他人的过错导致的污染，排污者是否要承担责任？

《民法典》第1233条规定，因第三人的过错污染环境、破坏生态的，被侵权人可以向侵权人请求赔偿，也可以向第三人请求赔偿。侵权人赔偿后,有权向第三人追偿。可见在因他人的过错导致污染时,被侵权人可以向排污者要求赔偿,也可以向有过错的第三人要求赔偿,当然排污者赔偿后可以向第三人追偿。

121. 按照国家标准排污致人损害的,是否无须承担责任?

由于科学技术发展水平的限制,某些生产工艺不可能完全避免排放“三废”等污染环境的物质。出于发展经济、保障国计民生与保护环境的综合平衡考虑,国家一方面允许这类生产企业之存在,另一方面又制定了环保标准,将其排污量限制在人们可以“忍受的限度”内。为了规制排污行为,国家对于排污都制定了相应的国家标准,这个标准是排污企业的排污行为合法与否的一个最低标准。违背了相应的排污标准而排放污染物的,相关企业需要承担一定的法律责任。但这种国家标准并不是排污者承担环境污染责任的免责事由,也就是说,即便是严格遵守国家标准排放污染物的,只要致人损害,满足承担环境污染责任要件的,就仍需要承担责任。

122. 要起诉侵害人有污染环境、破坏生态的行为时,需要提供什么证据?

根据《民法典》第1230条的规定,因污染环境、破坏生态发生纠纷,行为人应当就法律规定的不承担责任或者减轻责任的情形及其行为与损害之间不存在因果关系承担举证责任。法律虽然规定了环境侵权人的举证责任倒置规则,但是在整个环境污染侵权的诉讼中,受害人的举证责任并不因为法律规定了环境污染侵权的举证责任倒置规则而彻底被排除。在整个环境污染侵权的诉讼过程中,受害人仍需要承担一定的举证责任。从起诉的前提条件来看,环境污染侵权的受害人的起诉应当满足最基本的条件。结合环境侵权的特殊举证责任规则,受害人向法院起诉要求环境侵权人承担责任时,至少需要提供环境侵权人实施了侵权行为的证据和造成受害人损失的证据,还需要提供环境侵权行为与损害结果之间的因果关系的证据,尽管法律规定了证明环境污染行为与损害结果之间不存在因果关系或者具有减轻责任是由侵权人证明的,但是受害人亦可以对该项提供一定的证据,以使自身处于更加有利的地位。实际诉讼过程中,为了能使自己的权利主张得到支持,受害人应尽量提供如有关部门的检测报告、鉴定意见等证据来证明损害行为与损害后果之间的关系,否则对于受害人来说是极为不利的。

第八章　高度危险责任

123. 什么是高度危险责任? 高度危险责任有什么特点?

高度危险责任,是指高度危险行为人实施高度危险活动或者管理高度危险物,造成他人人身损害或者财产损害,应当承担损害赔偿责任的特殊侵权责任。依据《民法典》的相关规定,高度危险责任主要有以下特点:(1)某一活动或者物品对周围环境(不是对自己)具有高度危险性;(2)涉及该种活动或者物品的高度危险作业具有合法性(至少不为法律所禁止);(3)高度危责任适用无过错责任原则。

124. 高度危险作业致人损害,应该如何承担责任?

高度危险作业,是指从事高空、高压、易燃、易爆、剧毒、放射性、高速运输工具等对周围环境有高度危险的作业。根据《民法典》第1236条的规定,从事高度危险作业造成他人损害的,应当承担侵权责任。由于高度危险作业具有高度危险性,必须采取一定的安全方法进行活动,才能够控制活动中产生的危险,减少损害发生的概率。因此,法律对高度危险作业的注意义务要求更高更严,所适用的是无过错责任原则,即只要高度危险作业行为人致人损害,无论高度危险作业行为人有没有过错，都应当承担侵权责任，但法律另有规定的免责事由除外。

125. 私自进入核电站导致核辐射伤害，该如何承担责任？

核电站属于高度危险作业场所，国家一般对核电站的运营管理和核辐射材料的运输、存储、使用等安全管理非常严格。根据《民法典》第1237条的规定，民用核设施或者运入运出核设施的核材料发生核事故造成他人损害的，民用核设施的营运单位应当承担侵权责任；但是，能够证明损害是因战争、武装冲突、暴乱等情形或者受害人故意造成的，不承担责任。因此，虽然受害人私自进入核发电场违反相关管理规定，但这并非核电厂可以免责的法定理由，核电厂仍需承担侵权责任。除非能够证明是受害人进入核电厂后故意破坏核设施造成的损害才可以不用担责。

126. 飞机因雷暴天气失事碎片砸坏农民房子，航空公司能免责吗？

我们常说"天上不会掉馅饼"，但有时却不幸会有飞来横祸。国际上虽然飞机事故概率很低，但偶尔也会发生。根据《民法典》第1238条的规定，民用航空器造成他人损害的，民用航空器的经营者应当承担侵权责任；但是，能够证明损害是因受害人故意造成的，不承担责任。也就是说，民用航空器造成侵权损害的适用的是无过错责任，即不论航空公司有没有过错，只要造成了侵权损害，就应当承担损害赔偿责任。只有一个情况下可以免责，那就是证明侵权损害是由于受害人故意造成的，如飞机起飞时受害人故意冲向跑道而造成自身伤害的。因此，如果发生飞机因雷暴天气失事碎片砸坏农民房子，管理运营该飞机的航空公司不能免责，应当承担农民的损害赔偿责任。

127. 民用无人飞机失控导致路人受到伤害，责任该怎么承担？

随着现代科技的发展，各种民用的无人机在中国得到了快速的发展和运用,如航拍无人机、快递无人机、播种无人机等。一旦无人机失控或操作失误,也容易导致侵权损害发生。根据《民法典》第 1238 条的规定,民用航空器造成他人损害的,民用航空器的经营者应当承担侵权责任;但是,能够证明损害是因受害人故意造成的,不承担责任。民用无人机也属于民用航空器的一种,同样适用无过错责任原则,除非能够证明是受害人故意干扰无人机飞行等行为导致,否则无人机经营管理者都需要对受害人承担侵权赔偿责任。

128. 加油站因地震发生爆炸导致附近民居受损,可以免责吗?

汽油属于易燃易爆高危物品,加油站作为汽油经营管理者,负有高度的管理义务,以防止发生爆炸等危害事故。根据《民法典》第 1239 条的规定,占有或者使用易燃、易爆、剧毒、高放射性、强腐蚀性、高致病性等高度危险物造成他人损害的,占有人或者使用人应当承担侵权责任;但是,能够证明损害是因受害人故意或者不可抗力造成的,不承担责任。那么,如何认定不可抗力呢?不可抗力是指当事人不能预见,不能避免并不能克服的客观现象,包括地震、海啸、台风、洪水、泥石流等自然事件和战争、骚乱、暴动等社会事件。因此,如果加油站因地震而发生爆炸导致附近民居受损,加油站可以因不可抗力而免责。

129. 小偷偷了易燃易爆等高度危险物致人损害的,如何承担责任?

高度危险物的使用和管理是受到法律严格限制的,只有满足了相应条件的人才可以占有使用易燃易爆等高度危险物。小偷偷了易燃易爆等高度危险物属于非法占有,《民法典》第 1242 条规定,非法占有高度危险物造成他人损害的,由非法占有人承担侵权责任。所有人、管理人不能证明对防止非法占有尽到高度注意义务的,与非法占有人承担连带责任。据此可知，非法占有高度危险物造成他人损害的，其责任的承担方式如下：第一，由非法占有人即小偷承担侵权责任。无论是造成他人人身损害还是财产损害，都由该小偷承担民事责任，危险物品的所有人不承担责任。第二，如果该危险物的所有人不能证明自己对防止他人非法占有已尽到高度注意义务，即对危险物的管理存在过失的，如本应妥善保管的高危物品却随意存放而被小偷偷走，应当与危险物的非法占有人承担连带的侵权赔偿责任。即受害者既可向小偷要求赔偿，也可向危险物品所有人要求赔偿。

130. 农民从外面捡回的钢瓶发生爆炸造成邻居损失，由谁负责赔偿？

根据《民法典》第1239条、第1242条的规定，占有或者使用易燃、易爆、剧毒、高放射性、强腐蚀性、高致病性等高度危险物造成他人损害的，占有人或者使用人应当承担侵权责任；但是，能够证明损害是因受害人故意或者不可抗力造成的，不承担责任。被侵权人对损害的发生有重大过失的，可以减轻占有人或者使用人的责任。易燃、易爆、剧毒、高放射性、强腐蚀性等高度危险物造成他人损失适用的是无过错责任。因此，农民虽然不知捡回来的钢瓶属于易燃易爆物品，或者虽然知道属于易燃易爆物品却以为里面是空的不会爆炸而捡回家，即使无过错，农民都需要对爆炸造成邻居的损失承担赔偿责任。同时，钢瓶的所有人、管理人也要承担连带赔偿责任，除非能证明确实尽到了对钢瓶管理的高度注意义务，不存在过错。

131. 进入一个高危化学品工厂捡破烂导致眼睛受到损伤，责任由谁承担？

高危化学品工厂属于高度危险活动区域，其安全管理的要求比一般工厂管理应当更加严格，安全注意义务更高。根据《民法典》第

1243 条的规定,未经许可进入高度危险活动区域或者高度危险物存放区域受到损害,管理人能够证明已经采取足够安全措施并尽到充分警示义务的,可以减轻或者不承担责任。进入高危化学品工厂造成眼睛受伤,原则上也应由高危化学品工厂承担赔偿责任。除非高危化学品工厂能够证明已经采取了足够的安全措施并尽到了充分的警示义务。比如建有很高的围墙,安排人员不间断的巡逻,有监控仪器,且随处可见危险警示标志等,形成一般情况下的一般人是无法进来的,或即使进来也能够发现的情形,在这种情况下高危化学品工厂可以减轻或者不承担责任。

132. 替他人保管的危险品发生爆炸致人损伤,谁该承担责任?

易燃易爆等危险品的管理具有严格的法律要求,不具备危险品储存条件的场所和资质的管理人员是不能保管危险品的。根据《民法典》第 1239 条的规定,占有或者使用易燃、易爆、剧毒、高放射性、强腐蚀性、高致病性等高度危险物造成他人损害的,占有人或者使用人应当承担侵权责任。因此,替他人保管的危险品发生爆炸致人损伤,作为直接的保管人因为具有安全保管的义务,所以应当承担侵权赔偿责任。同时,危险品所有人对保管人负有监督保管义务,也应当承担连带侵权赔偿责任。当然,有两种情况可以减轻或免除保管人责任:一是能够证明危险品爆炸是由于不可抗力或者受害人故意造成的,保管人不承担责任。二是被侵权人对损害的发生有重大过失的,如受害人明知危险品储存地点禁止吸烟但还是吸烟从而导致爆炸,可以减轻占有人或者使用人的责任。

133. 乘客擅自跳入地铁隧道被撞死,地铁公司需要承担责任吗?

根据《民法典》第 1240 条的规定,从事高空、高压、地下挖掘活动或者使用高速轨道运输工具造成他人损害的，经营者应当承担侵权责任；但是，能够证明损害是因受害人故意或者不可抗力造成的，不承担责任。被侵权人对损害的发生有重大过失的，可以减轻经营者的责任。高速轨道运输，包括铁路、地铁、城铁、有轨电车等通过轨道高速行驶的交通运输工具。地铁也属于高速轨道运输工具的范畴，适用高度危险责任，即一般情况下由地铁公司承担侵权责任。如地铁在运行中发生的人身伤害事故或者财产损害事故，同时，还包括从列车上坠落、投掷物品，列车排放能量，造成他人人身损害或者财产损害的事故。但是乘客擅自跳入地铁轨道就属于故意，因此地铁公司无须承担赔偿责任。

134. 小孩攀爬高压电线杆被电死，责任怎么承担？

高压电线杆具有高度危险性，一般不容许人靠近，也都会有明显的禁止攀爬的标志。然而小孩由于不懂事、好玩，如果疏于监护照看的话，容易发生攀爬电线杆导致伤亡的事件。根据《民法典》第 1240 条的规定，从事高空、高压、地下挖掘活动或者使用高速轨道运输工具造成他人损害的，经营者应当承担侵权责任；但是，能够证明损害是因受害人故意或者不可抗力造成的，不承担责任。被侵权人对损害的发生有重大过失的，可以减轻经营者的责任。因此，小孩攀爬高压电线杆被电死，高压线经营管理者（电力公司）需要承担侵权责任。当然，由于小孩的父母等监护人疏于监护，存在重大过错，因此可以减轻经营者责任。

135. 高度危险责任的赔偿金额有没有限制？

高度危险责任是一种无过错责任，即只要存在高度危险责任事实，即使责任人没有过错也需要承担赔偿责任，可以说是赋予了相关责任人比较重的责任义务，但为了维护社会公平，法律对于高度危险责任的赔偿,亦有一定的限制,不能在不考虑责任人是否有过错的情况下还赋予其过重的赔偿责任。因此,《民法典》第1244条规定,承担高度危险责任,法律规定赔偿限额的,依照其规定,但是行为人有故意或者重大过失的除外。也就是说,如果有相关法律对赔偿的范围和赔偿的数额作出了相关的规定,则依照相应规定进行赔偿。如《国内航空运输承运人赔偿责任限额规定》第3条规定:"国内航空运输承运人(以下简称承运人)应当在下列规定的赔偿责任限额内按照实际损害承担赔偿责任,但是《民用航空法》另有规定的除外:(1)对每名旅客的赔偿责任限额为人民币40万元;(2)对每名旅客随身携带物品的赔偿责任限额为人民币3000元;(3)对旅客托运的行李和对运输的货物的赔偿责任限额,为每公斤人民币100元。"按照这一规定,国内航空运输中发生的旅客人身、财产损害的赔偿,按照上述限额进行赔偿。超出以上限额的,不予赔偿。当然,如果在相应的案件中,有关责任人对于损害的发生存在重大过失或者故意,则不受赔偿限额的限制,即受害人可以要求全额赔偿。

第九章　饲养动物损害责任

136.饲养动物致人损害的,责任怎么承担?

现实生活中,除了农村家庭会饲养猪、牛、马之类的动物外,许多城市家庭也会饲养猫、狗之类的动物,对于这些动物造成他人损害的责任,《民法典》第1245条规定,饲养的动物造成他人损害的,动物饲养人或者管理人应当承担侵权责任;但是,能够证明损害是因被侵权人故意或者重大过失造成的,可以不承担或者减轻责任。也就是说,动物饲养人对饲养动物具有管理义务,一般情况下,只要发生了饲养动物伤害他人的事实,就推定饲养人存在管理过错,饲养或者管理人都应当承担侵权责任。除非饲养人能够举证证明受害人存在故意或者重大过失，才可以不承担或者减轻责任。

137. 故意挑逗没有狗绳的狗导致被咬伤，狗主人可以免责吗？

如今城市居民将狗作为宠物已经成为很普遍的现象，也产生了很多诸如宠物狗咬伤人、不文明遛狗等乱象，为此各地也都出台了相应的地方性法规加以治理，比如规定外出遛狗必须拴狗绳。根据《民法典》第1246条的规定，违反管理规定，未对动物采取安全措施造成他人损害的，动物饲养人或者管理人应当承担侵权责任；但是，能够证明损害是因被侵权人故意造成的，可以减轻责任。因此，故意挑逗没有拴狗绳的狗导致被咬伤的，由于狗主人遛狗没有牵狗绳违反了相关法律规定，存在过错，应当承担侵权赔偿责任。同时，由于被侵权人故意去挑逗狗而被咬伤，也存在过错，也应当承担一部分责任。

138. 驯养人员或者饲养人员对动物致人损害没有过错，需要承担责任吗？

根据《民法典》第1245条的规定，饲养的动物造成他人损害的，动物饲养人或者管理人应当承担侵权责任；但是，能够证明损害是因被侵权人故意或者重大过失造成的，可以不承担或者减轻责任。本条规定明确了驯养人员或者饲养人员对于动物致人损害的特殊侵权责任，由于动物的饲养人或者驯养人对动物负有管束的义务，因而也就必须对动物所具有的危险性负责，保证其不至于造成他人损害，而一旦造成他人损害，即使没有过错，动物的饲养人或者管理人也应承担民事责任，除非具有法定的抗辩事由，即动物饲养人有证据能够证明被侵权人存在故意或者重大过失，如故意攻击动物导致被动物咬伤，则可以减轻或免除责任。

139. 饲养烈性犬等危险动物致人损伤的，如何承担侵权责任？

饲养烈性犬等带有危险的动物是受到法律严格限制的，很多城市也都出台相关规定禁止饲养烈性犬等危险动物,因为这类动物对周围人的人身和财产造成损害的可能性更大,对于饲养人员的要求也更高。《民法典》第 1247 条规定,禁止饲养的烈性犬等危险动物造成他人损害的,动物饲养人或者管理人应当承担侵权责任。也就是说,只要饲养的是法律法规禁止饲养的烈性犬等危险动物,不管被侵权人有无过错,造成他人损害都要承担损害赔偿责任,也即无过错责任。比如,张三饲养了一只禁止饲养的烈性犬,即使李四路过故意逗它被咬伤,张三也要承担损害赔偿责任。

140. 动物园的动物致人损害的,该由谁承担责任?

动物园是驯养、展览动物的集中场所,近年来动物园饲养的动物伤人事件也屡见不鲜。对于动物园的动物致人损害的责任问题,根据《民法典》第 1248 条的规定,动物园的动物造成他人损害的,动物园应当承担侵权责任;但是,能够证明尽到管理职责的,不承担侵权责任。因此,与其他的饲养动物致害责任不同,动物园的责任是过错推定责任。即一旦发生动物园动物伤人损害事实,就推定动物园存在过错,应当承担损害赔偿责任。但如果动物园能够证明已经尽到了管理职责的,即自身不存在过错,那么就不用承担侵权责任。实践中在如何认定动物园尽到了管理职责方面,主要考虑动物园是否依据动物的特点和危险性高低而采取合理的科学管理措施,以防止动物危险的发生。如老虎等猛兽,动物园就必须采用比管理野鸭、飞鸟等不一样的看管措施和看管场地,以防止游客近距离能接触到猛兽而受到伤害。另外,从平衡动物园的利益和受害人的利益方面考虑,受害人具有故意或过失的,如恶意向动物抛掷物品、擅自闯入禁止进入的猛兽区等,都可以减轻或免除动物园的责任。

141. 游客在公园游玩时被蜜蜂等昆虫蜇伤的，公园是否要承担责任？

根据《民法典》第1248条的规定，动物园的动物造成他人损害的，动物园应当承担侵权责任；但是，能够证明尽到管理职责的，不承担侵权责任。这条规定里的“动物”是指动物园专门饲养、看管的动物。而公园里的蜜蜂、昆虫这些动物并不是公园所专门饲养的动物，并非公园所能看管的，公园也没有看管这些野生昆虫的义务。这些蜜蜂、昆虫致使游客受到伤害的，如果令公园承担饲养动物损害责任显然有失公平。但是公园作为公共场所，有一定的安全保障义务，其应该保障其场所符合一定的安全标准，不至于损害游人的人身安全。对于这类纠纷，应该具体分析，如果公园在管理过程中可以预见到蜜蜂、昆虫等动物可能带来的危险，如蜜蜂已经在靠近道路的林木上筑巢等，就应该采取相应的安全防范和警示措施，如果公园作为管理者疏于管理，留下了一定的安全隐患，给游客造成伤害，应该承担一定的责任。

142. 饲养人员纵容、唆使饲养的动物伤人的，是否属于饲养动物损害责任？

根据《民法典》第1245条的规定，饲养的动物造成他人损害的，动物饲养人或者管理人应当承担侵权责任。因此，饲养动物损害责任是由于饲养人的动物导致人损害，饲养人本身并无希望发生所饲养动物伤人的故意。如果饲养人员故意纵容或者唆使其所饲养的动物伤人，此时动物伤人并不是因为其天性或者受到外界刺激，而是在饲养人员的控制之下，作为饲养人员伤人的一种工具而造成伤害。也就是说，饲养人用所饲养的动物来实施侵害他人行为，就如同行为人用刀伤人的性质一样。所以，饲养人员纵容、唆使饲养的动物伤人的这种情况不应该属于饲养动物损害责任，而应该是普通侵权行为。受害人应该按照普通侵权责任的构成要件和举证要求起诉，而不应该适用饲养动物损害责任的相关规定。比如，张三故意唆使其所饲养的猎犬咬伤了李四，则张三不仅要承担民事赔偿责任，如果构成犯罪，还应承担刑事责任。

143. 马戏团或动物园的驯养人员、饲养人员遭受动物伤害，责任怎么承担？

马戏团或动物园的动物都需要相应的驯养人员或饲养人员来饲养和管理，而驯养人员、饲养人员都是与动物近距离接触的，自然有受到伤害的可能性。另外，马戏团或动物园往往会提供动物表演，为使动物能够顺利演出，往往需要驯兽员对动物进行一定的训练。这个训练过程更需要与动物长时间地近距离接触，其中一些动物带有一定危险性，在训练的过程中训练人员也可能受到伤害。但这种伤害并不属于侵权，并不适用《民法典》第 1245 条的规定，即不适用“饲养的动物造成他人损害的，动物饲养人或者管理人应当承担侵权责任”。一般情况下，马戏团或动物园往往会跟其驯养人员、饲养人员以及驯兽员就伤害的责任承担作出约定，以限制自身的责任。而作为驯兽员、饲养人员、驯养人员也明知驯养、看管动物的风险，如果认可相关约定，签订了相关工作协议，则一旦发生相关损害事实，则依照劳动协议约定处理，适用的是《劳动合同法》的相关规定。

144. 游客擅自进入动物园的动物饲养区域而受到损害的，谁该承担责任？

动物园的动物饲养区域是动物园划定建设的专门供饲养人饲养动物的特定区域，一般设有与所饲养动物危险性适用的防范隔离设施，其目的就在于防止无关人员擅自进入动物饲养区域而受到伤害，这是动物园必须履行的管理义务。根据《民法典》第 1248 条的规定，动物园的动物造成他人损害的，动物园应当承担侵权责任；但是，能够证明尽到管理职责的，不承担侵权责任。如果动物园的防范设施科学，管理措施到位，但是受害人无视饲养人对于动物饲养区域的划分和障碍物的设置，违反动物园的相关管理规定而擅自进入动物饲养区域受到伤害的，可以认为动物园尽到了管理职责而无须承担侵权责任。只是这种情况下举证责任倒置，也就是说，只要发生了动物园伤害游客事件，就推定动物园存在管理过错，应当承担侵权责任，除非动物园能够证明自己已经尽到了管理责任。因此，即便动物园有免责警告或者在票面上有免责提示，在动物园未尽到管理职责的情况下，仍旧不能减轻或免除其责任。

145. 因第三人过错而使自身遭受动物伤害的，如何请求损害赔偿？

根据《民法典》第1250条的规定，因第三人的过错致使动物造成他人损害的，被侵权人可以向动物饲养人或者管理人请求赔偿，也可以向第三人请求赔偿。动物饲养人或者管理人赔偿后，有权向第三人追偿。比如，甲故意拿棍子逗邻居正在遛的狗，乙刚好路过，被激怒的狗扑上来咬伤了乙，显然，过错在甲。但乙既可以向狗主人要求赔偿，也可以向甲要求赔偿，哪个方便找哪个。当然，如果乙选择狗的主人为追偿对象，狗的主人在承担赔偿责任后，可以向甲追偿。不过如果在致人损害的过程中动物的饲养人或管理人也存在一定的过错，其也应该承担相应的责任。例如，狗是未经允许饲养的，或者狗未按规定拴狗绳，则饲养人或管理人也需要承担与其过错程度相适应的责任。

146. 个人饲养的一些如猛禽、毒蛇等动物出逃伤人，饲养人是否需要承担责任？

在现实生活中，有些人喜欢饲养小宠物，如猫、狗等，也有人喜欢饲养一些危险性的动物，如毒蛇、藏獒等。如果这些危险动物私自出逃导致伤人事件发生，又该由谁承担责任呢？根据《民法典》第1249条规定，遗弃、逃逸的动物在遗弃、逃逸期间造成他人损害的，由动物原饲养人或者管理人承担侵权责任。也就是说，不管是什么原因造成所饲养的动物出逃，只要能够证明该动物是饲养人或管理人所有，该饲养人或管理人都应当承担饲养动物伤人的侵权责任。那么，是否可以以“不可抗力”作为免责理由呢？比如，甲饲养了一条大蟒蛇，某天突发地震蛇逃了出去咬伤了人，甲能否以不可抗力免责呢？在《民法典》中并未明确规定这种情况可以以不可抗力为抗辩事由来免责。实践中考虑毕竟个人出于爱好、猎奇、观赏等其他原因饲养动物，特别是饲养一些猛兽、猛禽、毒蛇之类的动物，这些对于自己的生计本无直接关系，完全可以不养。因此，这种伤人事件不属于不能预见、不能避免并不能克服的客观情况，即便是因不可抗力导致的伤人事件，也不适用不可抗力的免责规定，饲养者也应该承担赔偿责任。

147. 动物被饲养人遗弃的，在遗弃期间造成他人损害的由谁来承担责任？

饲养的动物被遗弃而成为流浪动物，因为脱离了原所有人或者管理人的管辖范围，很容易造成他人损害的后果。根据《民法典》第1249条规定，遗弃、逃逸的动物在遗弃、逃逸期间造成他人损害的，由动物原饲养人或者管理人承担侵权责任。也就是说，不管该动物是基于什么原因、什么时间被遗弃，只要造成了他人损害，只要受害人能够证明谁是动物的原饲养人或者管理人，动物原饲养人或者管理人就必须无条件地承担侵权责任。当然，并不是在所有情况下，动物的原饲养人或者管理人都要对处于自己管理范围之外的动物致人损害承担责任，如果遗弃、逃逸的动物已回归自然，变成了野生动物的，原饲养人或管理人就无须再承担责任。此外，遗弃、逃逸的宠物已被他人收留，已经有新的管理者，则应由新的饲养人或者管理人承担责任。

148. 拴着的狗咬人致伤的，狗的所有人或管理人是否要承担责任？

《民法典》第1246条规定，违反管理规定，未对动物采取安全措施造成他人损害的，动物饲养人或者管理人应当承担侵权责任；但是，能够证明损害是因被侵权人故意造成的，可以减轻责任。对于拴着的狗咬人致伤，原则上也应该承担责任。因为虽然将狗用狗链拴住，履行了一定的看护职责，但还是发生了致人损害的后果，说明安全管理措施还是不到位，如出门遛狗时没有戴口罩。如果狗的所有人或者管理人能够证明是由受害人自己的故意造成的，则可以减轻责任。当然，如果是第三人的过错则饲养人在承担赔偿责任后可以向第三人追偿。

第十章　建筑物和物件损害责任

149. 被高楼上坠落或者抛掷的物品砸伤的，如何请求损害赔偿？

高空抛物时物品下落速度快，冲击力度大，是一种害人害己的危险行为。有数据表明：一个30克的蛋从4楼抛下来就会让人起肿包；从8楼抛下来就可以让人头皮破损；从18楼丢下来就可以砸破行人的头骨；从25楼抛下可使人当场死亡。根据《民法典》第1254条的规定，高空抛物侵权事件承担责任主要有以下三种情况：(1)侵权人即抛物人明确的高空抛物案件，由抛物人承担相应的损害赔偿责任；(2)抛物人不明确，但可以确定一个具体范围的，则所有可能实施抛物行为的人包括正在使用建筑物的所有权人、房屋租赁人、借用人和其他使用建筑物的人应当共同承担被害人的损失；(3)抛物人不明确的高空抛物案件,如果物业公司等管理义务人没有尽到管理义务的,如经常维护建筑物、经常提醒使用人不要往窗外抛扔物品等,则应当依法承担未履行安全保障义务的侵权责任。对于高空抛物致人损害的事件,除了法律的规范,更重要的是公民个人自我规范的提升,不管是贪图便利的故意抛掷,还是粗心大意的无心之举,归根到底都是责任意识不强。因此,高层建筑物的使用人,应该提高自我以及家人的责任意识,为自己以及他人创造更加安全舒适的生活环境。

150. 小区发生高空抛物砸伤人又无法确定具体行为人,同楼居民该如何自证清白呢?

生活中不时发生高空抛物砸伤人的事件,如果有高空抛物的行为人能够自己承认或经调查能够确定,则由侵权行为人承担赔偿责任。但如果经调查也无法确定具体行为人的,根据《民法典》第1254条的规定,除能够证明自己不是侵权人的外,由可能加害的建筑物使用人给予补偿。那么,该如何证明自己不是侵权人呢。可以从以下几个方面进行举证:第一,证明发生损害时,自己不在建筑物中如在上班,无法实施抛物行为。第二,证明高空抛物或坠落物并非自己所有,如掉落的鞋子是45码的鞋子而自己只有39码的鞋子;证明自己所处的位置在客观上不可能造成抛掷物致人损害,如自己住在一楼,从掉落的角度看不存在可能。

151. 高空抛物伤人,物业公司有责任吗?

高空抛物、高空坠物,一直是小区治理的一大难题,也被称为"城市上空的痛"。为此,《民法典》第1254条明确禁止从建筑物中抛掷物品。从法律意义上,高空抛物属于个人违法行为,应由抛物者或抛物楼层群体负责民事赔偿。那物业公司还需要担责吗?根据《民法典》第1254条的规定,物业公司作为物业管理方,有保障小区安全的义务,物业服务企业等建筑物管理人应当采取必要的安全保障措施防止高空抛物情形的发生,如经常提醒居民不要高空抛物等;如果有证据证明物业公司未采取必要的安全保障措施,则其应当依法承担未履行安全保障义务的侵权责任。

152. 出租房屋的窗户掉落致人伤害的,由谁承担责任?

出租房屋的过程中,出租人和租客之间存在租赁关系,出租人作为房屋的所有人,承担着对房屋相应的维修义务,而租客是房屋的实际使用者,应该按照与出租人的合同约定,合理使用租赁房屋。根据《民法典》第 1253 条的规定,建筑物、构筑物或者其他设施及其搁置物、悬挂物发生脱落、坠落造成他人损害,所有人、管理人或者使用人不能证明自己没有过错的,应当承担侵权责任。所有人、管理人或者使用人赔偿后,有其他责任人的,有权向其他责任人追偿。因此,对于出租房屋的窗户掉落致人伤害的,第一,受害者可以向房屋所有人、房屋管理者即物业公司或者租客请求损害赔偿。第二,如果所有人、管理人或者使用人有证据证明自己没有过错,则不需承担责任。如租客已经发现窗户年久失修存在风险且多次告知房主,因房主没有及时维修导致掉落,则租客不存在过错而无须担责。第三,如果有其他责任人的,则所有人、管理人或者使用人承担责任后可以进行追偿。比如,窗户是由于开发建筑公司的质量不合格导致脱落,或者由于盗贼把窗户破坏导致掉落,则可向建筑公司或盗贼追偿。

153. 小区住宅外墙等建筑物或其他设施倒塌致人损害的,如何承担责任?

现实生活中,不时会发生楼房等建筑物或其附属设施倒塌致人损害的事情,谁该承担责任呢?《民法典》第 1252 条规定,建筑物、构筑物或者其他设施倒塌、塌陷造成他人损害的,由建设单位与施工单位承担连带责任,但是建设单位与施工单位能够证明不存在质量缺陷的除外。建设单位、施工单位赔偿后,有其他责任人的,有权向其他责任人追偿。因所有人、管理人、使用人或者第三人的原因,建筑物、构筑物或者其他设施倒塌、塌陷造成他人损害的,由所有人、管理人、使用人或者第三人承担侵权责任。

因此,建筑物、构筑物或者其他设施倒塌造成他人损害的,第一,首先由建设单位与施工单位承担连带责任,即既可向建设单位请求赔偿,也可向施工单位请求赔偿,还可向两个单位要求一起赔偿。第二,如果建设单位与施工单位能够证明不存在质量缺陷则不用承担责任,如是由于其他施工责任人导致倒塌,则建设单位、施工单位赔偿后,有权向其他责任人追偿。第三,如果是因所有人、管理人、使用人或者第三人的原因,导致建筑物、构筑物或者其他设施倒塌造成他人损害,如房屋所有人进行违法房屋装修,或者所有人违法使用房屋等,则由所有人、管理人、使用人或者第三人承担侵权责任。

154. 地面施工没有相关标识致人损害的,由谁承担责任?

地面施工包括在公共场所或者道路施工,也有对一些地下设施如地铁等进行施工,这种施工过程往往与人们的日常生活联系比较紧密,所以对于施工方有严格安全保障要求,如应在施工地设置相应的警示标识,采取相关的安全保障措施避免因施工造成损害。根据《民法典》第1258条的规定,在公共场所或者道路上挖掘、修缮安装地下设施等造成他人损害,施工人不能证明已经设置明显标志和采取安全措施的,应当承担侵权责任。因此,地面施工没有相关标识致人损害的,施工单位或施工人员必须承担侵权责任。

155. 行人踩到窨井盖掉进下水道受伤害,谁该承担责任?

根据《民法典》第1258条的规定,窨井等地下设施造成他人损害,管理人不能证明尽到管理职责的，应当承担侵权责任。因此，行人踩到窨井盖掉进下水道受伤的，除非管理人能够证明已经尽到了管理职责，否则窨井管理单位或管理人应当承担侵权责任。例如，马路上的井盖被人偷走很多天，管理部门接到举报通知后，一直未予理睬，如果有人天黑掉进井里受伤，管理部门就要承担赔偿责任。只有在管理部门能够证明尽到了管理职责，比如用围栏将窨井围起来，并做了明确的警示标识等才无须承担责任。

156. 地面施工时设置了相关警示标识但仍然导致损害的，如何承担责任？

根据《民法典》第1258条的规定，在公共场所或者道路上挖掘、修缮安装地下设施等造成他人损害，施工人不能证明已经设置明显标志和采取安全措施的，应当承担侵权责任。因此，施工人有没有设置明显标志和采取安全措施应该是定责的关键。

“明显”应该是能达到醒目的效果：(1)警示标志本身必须醒目，警示标志在材料、颜色、规格、功能等方面应当达到醒目的效果。(2)标志设置的位置必须醒目，设置位置不能太高或太低，不能有其他遮蔽物遮挡，要符合足够的安全距离等。(3)警示标志在任何时间和环境下必须醒目，如在雨雾风雪天气或者夜间情况下警示标志亦应明显。(4)警示的内容必须醒目，警示内容和注意事项让人一目了然。至于采取安全措施，应该是足以防止事故发生的措施，无论防护材料、防护范围、防护设施、防护手段等任何一方面都不应出现疏漏。因此，如果地面施工存在相关标识，但不够明显，或者虽然设置了明显标识，但缺乏其他相应的安全防范措施，导致侵权损害，则依然需要承担侵权责任。

157. 第三人行为或自然原因使安全标志和安全措施被破坏造成受害人损害的，责任如何承担？

在现实生活中，施工人所设置的标志和安全措施往往是在一些公共场所,随着时间的推移和一些外部力量的影响,可能会对这些标志和措施有一定的毁损。根据《民法典》第 1258 条的规定,在公共场所或者道路上挖掘、修缮安装地下设施等造成他人损害,施工人不能证明已经设置明显标志和采取安全措施的,应当承担侵权责任。因此,即使是施工人设置了明显的标志和采取了安全措施后,由于第三人的行为或者自然原因造成标志和安全措施被破坏致人损害时,施工人仍需承担责任。因为施工人不仅负有设置明显标志和采取安全措施的义务,还有保护这些标志和维持这些措施的义务。当然,施工人在承担责任之后,可以再向有过错的第三人进行追偿。但是,若施工人证明自己已尽到维护和保持这些标志和安全措施的最大努力,损害仍不免发生的,则可以免除或者减轻施工人应当负担的民事赔偿责任。

158. 道路边的树木折断或果实掉落致人损害的,由谁承担责任?

道路边的林木所有人和管理人对于林木应该尽到保障安全的义务,包括对其枝叶、果实进行管理维护,也包括在管理维护林木的作业过程中,保障修剪砍伐的林木安全折断,不造成他人损害的义务。根据《民法典》第 1257 条的规定,因林木折断、倾倒或者果实坠落等造成他人损害,林木的所有人或者管理人不能证明自己没有过错的,应当承担侵权责任。因此,道路边的树木折断或果实掉落致人损害的,林木的所有人或管理人应该承担责任,除非证明自己无过错,比如,林木折断是由于强台风吹倒,或者由于受害人自己原因比如去偷摘果实等,否则不能免除责任。

159. 因在道路上堆放物品导致交通事故的,由谁承担责任?

在道路上堆放物品不仅影响正常通行,还容易导致交通事故,侵害他人。根据《民法典》第 1256 条的规定,在公共道路上堆放、倾倒、遗撒妨碍通行的物品造成他人损害的，由行为人承担侵权责任。公共道路管理人不能证明已经尽到清理、防护、警示等义务的，应当承担相应的责任。因此，在道路上堆放物品导致交通事故致人损害的，实施堆放、倾倒等行为的行为人必须承担侵权责任是没有争议的，那么道路交通相关的管理部门是否也要承担赔偿责任，答案也是肯定的。因为我国法律明确规定了道路交通相关部门负有保证道路安全、通畅的义务。当影响道路安全、通畅的违法行为发生时，有关部门应当尽到清理、防护、警示等义务。如果能够证明已经尽到管理义务则无须承担侵权责任；如果其没有履行该义务，就存在管理过错，应当承担相应侵权责任，由行为人和道路交通相关部门按照法律规定确定其责任的大小后各自承担相应的责任，难以确定责任大小的，则平均承担责任。如果一时无法确认实施堆放、倾倒等行为的行为人时，应该由道路交通相关部门先承担责任，以保障受害人的利益，事后发现侵权行为人的，道路交通相关部门可以进行追偿。

160. 在私人等非公共场所堆放物品致人损害的，是否要承担责任？

根据《民法典》第1255条的规定，堆放物倒塌、滚落或者滑落造成他人损害，堆放人不能证明自己没有过错的，应当承担侵权责任。这里虽然没有明确是公共场所的堆放物还是私人场所的堆放物，但考虑到私人场所的私密性一般外人难以进入也就不易发生此类损害，因此本条实际上主要是针对公共场所的侵权事件。但即使在私人场所，如果发生此类侵权事件，则同样适用。当然，所有人亦可以通过证明自己没有过错来免除责任，如行为人是在自家的院落堆放物品，而受害人未经许可进入行为人家院落碰到堆放物品而受到损害的，则行为人无须承担责任，因为此时行为人无过错。

161. 被邻居在公共过道上堆放的物品砸伤，谁该承担责任？

一般公共过道是禁止堆放物品的，但现代城市有的小区一些人或由于房间小，或由于想占点便宜，而喜欢在楼道公共过道上堆放柜子等杂物。根据《民法典》第1255条的规定，堆放物倒塌、滚落或者滑落造成他人损害，堆放人不能证明自己没有过错的，应当承担侵权责任。因此，如果被邻居在公共过道上堆放的物品损害，第一，堆放物品的邻居需要承担侵权责任。当然，如果能够证明自己没有过错，如经过物业许可且是行为人自己故意碰倒的，则无须承担侵权责任。第二，对公共过道负有管理义务的人如物业公司，应当及时发现过道堆放物并加以清理。如果不能证明自己已经尽到管理义务，则应与堆放物行为人一起承担侵权责任。

162. 小区树枝掉落砸伤小孩，物业需要赔偿吗？

现在物业小区道路两旁绿化植物都比较多，一般情况下也不易掉落砸到路人。但如果掉落砸伤了小孩或路人，该如何担责呢？根据《民法典》第1257条的规定，因林木折断、倾倒或者果实坠落等造成他人损害，林木的所有人或者管理人不能证明自己没有过错的，应当承担侵权责任。小区的绿化植物属于全体业主所有，但一般都委托物业公司负责小区管理，物业公司负有日常养护、修剪等管理义务。因此，小区树枝掉落砸伤小孩，物业公司应当承担赔偿义务。当然，如果物业公司能够证明自己不存在过错，比如是由于狂风暴雨等不可抗力因素，或者是由于小孩自己爬树以及其他人过错导致，则物业公司可以免责。

163. 行人被公路上渣土车掉落的石块砸伤，该如何担责？

渣土车运输渣土，一般都有严格安全运输管理制度，需要防止运输途中渣土掉落影响环境和道路通行安全。根据《民法典》第 1256 条的规定,在公共道路上遗撒妨碍通行的物品造成他人损害的,由行为人承担侵权责任。因此,如果运输途中渣土掉落影响环境和道路通行安全,并且渣土运输车所有人没有尽到安全运输责任存在过错时,应当承担侵权赔偿责任。另外,如果找不到渣土车具体侵权人,则公共道路管理人应当承担相应的赔偿责任,除非能够证明已经尽到清理、防护、警示等义务的才可以免责。当然,公共道路管理人赔偿后可以向具体侵权人即渣土车所有人进行追偿。

164. 高空抛物造成他人损害的,如果受害人自己难以查清具体侵权人,可以向哪些政府机关请求帮助?

《民法典》第 1254 条规定,禁止从建筑物中抛掷物品。从建筑物中抛掷物品或者从建筑物上坠落的物品造成他人损害的,由侵权人依法承担侵权责任;经调查难以确定具体侵权人的,除能够证明自己不是侵权人的外,由可能加害的建筑物使用人给予补偿。可能加害的建筑物使用人补偿后,有权向侵权人追偿。物业服务企业等建筑物管理人应当采取必要的安全保障措施防止前款规定情形的发生;未采取必要的安全保障措施的,应当依法承担未履行安全保障义务的侵权责任。发生本条第 1 款规定的情形的,公安等机关应当依法及时调查,查清责任人。因此,当受害人自己无法查清真相时,可以要求公安机关依法调查,公安等机关应当依法及时调查,查清真相。

关联法规

1. 最高人民法院
关于审理人身损害赔偿案件适用法律若干问题的解释

（2003年12月4日由最高人民法院审判委员会第1299次会议通过　根据2020年12月23日最高人民法院审判委员会第1823次会议通过的《最高人民法院关于修改〈最高人民法院关于在民事审判工作中适用《中华人民共和国工会法》若干问题的解释〉等二十七件民事类司法解释的决定》修正）

为正确审理人身损害赔偿案件，依法保护当事人的合法权益，根据《中华人民共和国民法典》《中华人民共和国民事诉讼法》等有关法律规定，结合审判实践，制定本解释。

第一条　因生命、身体、健康遭受侵害，赔偿权利人起诉请求赔偿义务人赔偿物质损害和精神损害的，人民法院应予受理。

本条所称"赔偿权利人"，是指因侵权行为或者其他致害原因直接遭受人身损害的受害人以及死亡受害人的近亲属。

本条所称"赔偿义务人"，是指因自己或者他人的侵权行为以及其他致害原因依法应当承担民事责任的自然人、法人或者非法人组织。

第二条　赔偿权利人起诉部分共同侵权人的，人民法院应当追加其他共同侵权人作为共同被告。赔偿权利人在诉讼中放弃对部分共同侵权人的诉讼请求的，其他共同侵权人对被放弃诉讼请求的被告应当承担的赔偿份额不承担连带责任。责任范围难以确定的，推定各共同侵权人承担同等责任。

人民法院应当将放弃诉讼请求的法律后果告知赔偿权利人，并将放弃诉讼请求的情况在法律文书中叙明。

第三条 依法应当参加工伤保险统筹的用人单位的劳动者，因工伤事故遭受人身损害，劳动者或者其近亲属向人民法院起诉请求用人单位承担民事赔偿责任的，告知其按《工伤保险条例》的规定处理。

因用人单位以外的第三人侵权造成劳动者人身损害，赔偿权利人请求第三人承担民事赔偿责任的，人民法院应予支持。

第四条 无偿提供劳务的帮工人，在从事帮工活动中致人损害的，被帮工人应当承担赔偿责任。被帮工人承担赔偿责任后向有故意或者重大过失的帮工人追偿的，人民法院应予支持。被帮工人明确拒绝帮工的，不承担赔偿责任。

第五条 无偿提供劳务的帮工人因帮工活动遭受人身损害的，根据帮工人和被帮工人各自的过错承担相应的责任；被帮工人明确拒绝帮工的，被帮工人不承担赔偿责任，但可以在受益范围内予以适当补偿。

帮工人在帮工活动中因第三人的行为遭受人身损害的，有权请求第三人承担赔偿责任，也有权请求被帮工人予以适当补偿。被帮工人补偿后，可以向第三人追偿。

第六条 医疗费根据医疗机构出具的医药费、住院费等收款凭证，结合病历和诊断证明等相关证据确定。赔偿义务人对治疗的必要性和合理性有异议的，应当承担相应的举证责任。

医疗费的赔偿数额，按照一审法庭辩论终结前实际发生的数额确定。器官功能恢复训练所必要的康复费、适当的整容费以及其他后续治疗费，赔偿权利人可以待实际发生后另行起诉。但根据医疗证明或者鉴定结论确定必然发生的费用，可以与已经发生的医疗费一并予以赔偿。

第七条 误工费根据受害人的误工时间和收入状况确定。

误工时间根据受害人接受治疗的医疗机构出具的证明确定。受害人因伤致残持续误工的，误工时间可以计算至定残日前一天。

受害人有固定收入的，误工费按照实际减少的收入计算。受害人无固定收入的，按照其最近三年的平均收入计算；受害人不能举证证明其最近三年的平均收入状况的，可以参照受诉法院所在地相同或者相近行业上一年度职工的平均工资计算。

第八条 护理费根据护理人员的收入状况和护理人数、护理期限确定。

护理人员有收入的，参照误工费的规定计算；护理人员没有收入或者雇佣护工的，参照当地护工从事同等级别护理的劳务报酬标准计算。护理人员原则上为一人，但医疗机构或者鉴定机构有明确意见的，可以参照确定护理人员人数。

护理期限应计算至受害人恢复生活自理能力时止。受害人因残疾不能恢复生活自理能力的，可以根据其年龄、健康状况等因素确定合理的护理期限，但最长不超过二十年。

受害人定残后的护理，应当根据其护理依赖程度并结合配制残疾辅助器具的情况确定护理级别。

第九条 交通费根据受害人及其必要的陪护人员因就医或者转院治疗实际发生的费用计算。交通费应当以正式票据为凭；有关凭据应当与就医地点、时间、人数、次数相符合。

第十条 住院伙食补助费可以参照当地国家机关一般工作人员的出差伙食补助标准予以确定。

受害人确有必要到外地治疗，因客观原因不能住院，受害人本人及其陪护人员实际发生的住宿费和伙食费，其合理部分应予赔偿。

第十一条 营养费根据受害人伤残情况参照医疗机构的意见确定。

第十二条 残疾赔偿金根据受害人丧失劳动能力程度或者伤残等级，按照受诉法院所在地上一年度城镇居民人均可支配收入或者农村居民人均纯收入标准，自定残之日起按二十年计算。但六十周岁以上的，年龄每增加一岁减少一年；七十五周岁以上的，按五年计算。

受害人因伤致残但实际收入没有减少，或者伤残等级较轻但造成职业妨害严重影响其劳动就业的，可以对残疾赔偿金作相应调整。

第十三条 残疾辅助器具费按照普通适用器具的合理费用标准计算。伤情有特殊需要的，可以参照辅助器具配制机构的意见确定相应的合理费用标准。

辅助器具的更换周期和赔偿期限参照配制机构的意见确定。

第十四条 丧葬费按照受诉法院所在地上一年度职工月平均工资标准，以六个月总额计算。

第十五条 死亡赔偿金按照受诉法院所在地上一年度城镇居民人均可支配收入或者农村居民人均纯收入标准，按二十年计算。但六十周岁以上的，年龄每增加一岁减少一年；七十五周岁以上的，按五年计算。

第十六条 被扶养人生活费计入残疾赔偿金或者死亡赔偿金。

第十七条 被扶养人生活费根据扶养人丧失劳动能力程度，按照受诉法院所在地上一年度城镇居民人均消费性支出和农村居民人均年生活消费支出标准计算。被扶养人为未成年人的，计算至十八周岁；被扶养人无劳动能力又无其他生活来源的，计算二十年。但六十周岁以上的，年龄每增加一岁减少一年；七十五周岁以上的，按五年计算。

被扶养人是指受害人依法应当承担扶养义务的未成年人或者丧失劳动能力又无其他生活来源的成年近亲属。被扶养人还有其他扶养人的，赔偿义务人只赔偿受害人依法应当负担的部分。被扶养人有数人的，年赔偿总额累计不超过上一年度城镇居民人均消费性支出额或者农村居民人均年生活消费支出额。

第十八条 赔偿权利人举证证明其住所地或者经常居住地城镇居民人均可支配收入或者农村居民人均纯收入高于受诉法院所在地标准的，残疾赔偿金或者死亡赔偿金可以按照其住所地或者经常居住地的相关标准计算。

被扶养人生活费的相关计算标准，依照前款原则确定。

第十九条 超过确定的护理期限、辅助器具费给付年限或者残疾赔偿金给付年限，赔偿权利人向人民法院起诉请求继续给付护理费、辅助器具费或者残疾赔偿金的，人民法院应予受理。赔偿权利人确需继续护理、配制辅助器具，或者没有劳动能力和生活来源的，人民法院应当判令赔偿义务人继续给付相关费用五至十年。

第二十条 赔偿义务人请求以定期金方式给付残疾赔偿金、辅助器具费的，应当提供相应的担保。人民法院可以根据赔偿义务人的给付能力和提供担保的情况，确定以定期金方式给付相关费用。但是，一审法庭辩论终结前已经发生的费用、死亡赔偿金以及精神损害抚慰金，应当一次性给付。

第二十一条 人民法院应当在法律文书中明确定期金的给付时间、方式以及每期给付标准。执行期间有关统计数据发生变化的，给付金额应当适时进行相应调整。

定期金按照赔偿权利人的实际生存年限给付，不受本解释有关赔偿期限的限制。

第二十二条 本解释所称“城镇居民人均可支配收入”“农村居民人均纯收入”“城镇居民人均消费性支出”“农村居民人均年生活消费支出”“职工平均工资”，按照政府统计部门公布的各省、自治区、直辖市以及经济特区和计划单列市上一年度相关统计数据确定。

"上一年度",是指一审法庭辩论终结时的上一统计年度。

第二十三条 精神损害抚慰金适用《最高人民法院关于确定民事侵权精神损害赔偿责任若干问题的解释》予以确定。

第二十四条 本解释自2004年5月1日起施行。2004年5月1日后新受理的一审人身损害赔偿案件,适用本解释的规定。已经作出生效裁判的人身损害赔偿案件依法再审的,不适用本解释的规定。

在本解释公布施行之前已经生效施行的司法解释,其内容与本解释不一致的,以本解释为准。

2. 最高人民法院关于确定民事侵权精神损害赔偿责任若干问题的解释

(2001年2月26日由最高人民法院审判委员会第1161次会议通过 根据2020年12月23日最高人民法院审判委员会第1823次会议通过的《最高人民法院关于修改〈最高人民法院关于在民事审判工作中适用《中华人民共和国工会法》若干问题的解释〉等二十七件民事类司法解释的决定》修正)

为在审理民事侵权案件中正确确定精神损害赔偿责任,根据《中华人民共和国民法典》等有关法律规定,结合审判实践,制定本解释。

第一条 因人身权益或者具有人身意义的特定物受到侵害,自然人或者其近亲属向人民法院提起诉讼请求精神损害赔偿的,人民法院应当依法予以受理。

第二条 非法使被监护人脱离监护,导致亲子关系或者近亲属间的亲属关系遭受严重损害,监护人向人民法院起诉请求赔偿精神损害的,人民法院应当依法予以受理。

第三条 死者的姓名、肖像、名誉、荣誉、隐私、遗体、遗骨等受到侵害，其近亲属向人民法院提起诉讼请求精神损害赔偿的，人民法院应当依法予以支持。

第四条 法人或者非法人组织以名誉权、荣誉权、名称权遭受侵害为由，向人民法院起诉请求精神损害赔偿的，人民法院不予支持。

第五条 精神损害的赔偿数额根据以下因素确定：

（一）侵权人的过错程度，但是法律另有规定的除外；

（二）侵权行为的目的、方式、场合等具体情节；

（三）侵权行为所造成的后果；

（四）侵权人的获利情况；

（五）侵权人承担责任的经济能力；

（六）受理诉讼法院所在地的平均生活水平。

第六条 在本解释公布施行之前已经生效施行的司法解释，其内容有与本解释不一致的，以本解释为准。

3. 最高人民法院
关于审理食品药品纠纷案件适用
法律若干问题的规定

（2013年12月9日由最高人民法院审判委员会第1599次会议通过　根据2020年12月23日最高人民法院审判委员会第1823次会议通过的《最高人民法院关于修改〈最高人民法院关于在民事审判工作中适用《中华人民共和国工会法》若干问题的解释〉等二十七件民事类司法解释的决定》修正）

为正确审理食品药品纠纷案件，根据《中华人民共和国民法典》《中华人民共和国消费者权益保护法》《中华人民共和国食品安全法》《中华人民共和国药品管理法》《中华人民共和国民事诉讼法》等法律的规定，结合审判实践，制定本规定。

第一条 消费者因食品、药品纠纷提起民事诉讼，符合民事诉讼法规定受理条件的，人民法院应予受理。

第二条 因食品、药品存在质量问题造成消费者损害，消费者可以分别起诉或者同时起诉销售者和生产者。

消费者仅起诉销售者或者生产者的，必要时人民法院可以追加相关当事人参加诉讼。

第三条 因食品、药品质量问题发生纠纷，购买者向生产者、销售者主张权利，生产者、销售者以购买者明知食品、药品存在质量问题而仍然购买为由进行抗辩的，人民法院不予支持。

第四条 食品、药品生产者、销售者提供给消费者的食品或者药品的赠品发生质量安全问题，造成消费者损害，消费者主张权利，生产者、销售者以消费者未对赠品支付对价为由进行免责抗辩的，人民法院不予支持。

第五条 消费者举证证明所购买食品、药品的事实以及所购食品、药品不符合合同的约定，主张食品、药品的生产者、销售者承担违约责任的，人民法院应予支持。

消费者举证证明因食用食品或者使用药品受到损害，初步证明损害与食用食品或者使用药品存在因果关系，并请求食品、药品的生产者、销售者承担侵权责任的，人民法院应予支持，但食品、药品的生产者、销售者能证明损害不是因产品不符合质量标准造成的除外。

第六条 食品的生产者与销售者应当对于食品符合质量标准承担举证责任。认定食品是否安全，应当以国家标准为依据；对地方特色食品，没有国家标准的，应当以地方标准为依据。没有前述标准的，应当以食品安全法的相关规定为依据。

第七条 食品、药品虽在销售前取得检验合格证明，且食用或者使用时尚在保质期内，但经检验确认产品不合格，生产者或者销售者以该食品、药品具有检验合格证明为由进行抗辩的，人民法院不予支持。

第八条 集中交易市场的开办者、柜台出租者、展销会举办者未履行食品安全法规定的审查、检查、报告等义务，使消费者的合法权益受到损害的，消费者请求集中交易市场的开办者、柜台出租者、展销会举办者承担连带责任的，人民法院应予支持。

第九条 消费者通过网络交易第三方平台购买食品、药品遭受损害，网络交易第三方平台提供者不能提供食品、药品的生产者或者销售者的真实名称、地址与有效联系方式，消费者请求网络交易第三方平台提供者承担责任的，人民法院应予支持。

网络交易第三方平台提供者承担赔偿责任后，向生产者或者销售者行使追偿权的，人民法院应予支持。

网络交易第三方平台提供者知道或者应当知道食品、药品的生产者、销售者利用其平台侵害消费者合法权益，未采取必要措施，给消费者造成损害，消费者要求其与生产者、销售者承担连带责任的，人民法院应予支持。

第十条 未取得食品生产资质与销售资质的民事主体，挂靠具有相应资质的生产者与销售者，生产、销售食品，造成消费者损害，消费者请求挂靠者与被挂靠者承担连带责任的，人民法院应予支持。

消费者仅起诉挂靠者或者被挂靠者的，必要时人民法院可以追加相关当事人参加诉讼。

第十一条 消费者因虚假广告推荐的食品、药品存在质量问题遭受损害，依据消费者权益保护法等法律相关规定请求广告经营者、广告发布者承担连带责任的，人民法院应予支持。

其他民事主体在虚假广告中向消费者推荐食品、药品，使消费者遭受损害，消费者依据消费者权益保护法等法律相关规定请求其与食品、药品的生产者、销售者承担连带责任的，人民法院应予支持。

第十二条 食品、药品检验机构故意出具虚假检验报告，造成消费者损害，消费者请求其承担连带责任的，人民法院应予支持。

食品、药品检验机构因过失出具不实检验报告，造成消费者损害，消费者请求其承担相应责任的，人民法院应予支持。

第十三条 食品认证机构故意出具虚假认证，造成消费者损害，消费者请求其承担连带责任的，人民法院应予支持。

食品认证机构因过失出具不实认证，造成消费者损害，消费者请求其承担相应责任的，人民法院应予支持。

第十四条 生产、销售的食品、药品存在质量问题，生产者与销售者需同时承担民事责任、行政责任和刑事责任，其财产不足以支付，当事人依照民法典等有关法律规定，请求食品、药品的生产者、销售者首先承担民事责任的，人民法院应予支持。

第十五条 生产不符合安全标准的食品或者销售明知是不符合安全标准的食品，消费者除要求赔偿损失外，依据食品安全法等法律规定向生产者、销售者主张赔偿金的，人民法院应予支持。

生产假药、劣药或者明知是假药、劣药仍然销售、使用的，受害人或者其近亲属除请求赔偿损失外，依据药品管理法等法律规定向生产者、销售者主张赔偿金的，人民法院应予支持。

第十六条 食品、药品的生产者与销售者以格式合同、通知、声明、告示等方式作出排除或者限制消费者权利，减轻或者免除经营者责任、加重消费者责任等对消费者不公平、不合理的规定，消费者依法请求认定该内容无效的，人民法院应予支持。

第十七条 消费者与化妆品、保健食品等产品的生产者、销售者、广告经营者、广告发布者、推荐者、检验机构等主体之间的纠纷，参照适用本规定。

法律规定的机关和有关组织依法提起公益诉讼的，参照适用本规定。

第十八条 本规定所称的“药品的生产者”包括药品上市许可持有人和药品生产企业，“药品的销售者”包括药品经营企业和医疗机构。

第十九条 本规定施行后人民法院正在审理的一审、二审案件适用本规定。

本规定施行前已经终审，本规定施行后当事人申请再审或者按照审判监督程序决定再审的案件，不适用本规定。

4. 最高人民法院关于审理消费民事公益诉讼案件适用法律若干问题的解释

（2016年2月1日最高人民法院审判委员会第1677次会议通过　根据2020年12月23日最高人民法院审判委员会第1823次会议通过的《最高人民法院关于修改〈最高人民法院关于人民法院民事调解工作若干问题的规定〉等十九件民事诉讼类司法解释的决定》修正）

为正确审理消费民事公益诉讼案件，根据《中华人民共和国民事诉讼法》《中华人民共和国民法典》《中华人民共和国消费者权益保护法》等法律规定，结合审判实践，制定本解释。

第一条　中国消费者协会以及在省、自治区、直辖市设立的消费者协会，对经营者侵害众多不特定消费者合法权益或者具有危及消费者人身、财产安全危险等损害社会公共利益的行为提起消费民事公益诉讼的，适用本解释。

法律规定或者全国人大及其常委会授权的机关和社会组织提起的消费民事公益诉讼，适用本解释。

第二条　经营者提供的商品或者服务具有下列情形之一的，适用消费者权益保护法第四十七条规定：

（一）提供的商品或者服务存在缺陷，侵害众多不特定消费者合法权益的；

（二）提供的商品或者服务可能危及消费者人身、财产安全，未作出真实的说明和明确的警示，未标明正确使用商品或者接受服务的方法以及防止危害发生方法的；对提供的商品或者服务质量、性能、用途、有效期限等信息作虚假或引人误解宣传的；

（三）宾馆、商场、餐馆、银行、机场、车站、港口、影剧院、景区、体育场馆、娱乐场所等经营场所存在危及消费者人身、财产安全危险的；

（四）以格式条款、通知、声明、店堂告示等方式，作出排除或者限制消费者权利、减轻或者免除经营者责任、加重消费者责任等对消费者不公平、不合理规定的；

（五）其他侵害众多不特定消费者合法权益或者具有危及消费者人身、财产安全危险等损害社会公共利益的行为。

第三条 消费民事公益诉讼案件管辖适用《最高人民法院关于适用〈中华人民共和国民事诉讼法〉的解释》第二百八十五条的有关规定。

经最高人民法院批准，高级人民法院可以根据本辖区实际情况，在辖区内确定部分中级人民法院受理第一审消费民事公益诉讼案件。

第四条 提起消费民事公益诉讼应当提交下列材料：

（一）符合民事诉讼法第一百二十一条规定的起诉状，并按照被告人数提交副本；

（二）被告的行为侵害众多不特定消费者合法权益或者具有危及消费者人身、财产安全危险等损害社会公共利益的初步证据；

（三）消费者组织就涉诉事项已按照消费者权益保护法第三十七条第四项或者第五项的规定履行公益性职责的证明材料。

第五条 人民法院认为原告提出的诉讼请求不足以保护社会公共利益的，可以向其释明变更或者增加停止侵害等诉讼请求。

第六条 人民法院受理消费民事公益诉讼案件后，应当公告案件受理情况，并在立案之日起十日内书面告知相关行政主管部门。

第七条 人民法院受理消费民事公益诉讼案件后，依法可以提起诉讼的其他机关或者社会组织，可以在一审开庭前向人民法院申请参加诉讼。

人民法院准许参加诉讼的，列为共同原告；逾期申请的，不予准许。

第八条 有权提起消费民事公益诉讼的机关或者社会组织，可以依据民事诉讼法第八十一条规定申请保全证据。

第九条 人民法院受理消费民事公益诉讼案件后，因同一侵权行为受到损害的消费者申请参加诉讼的，人民法院应当告知其根据民事诉讼法第一百一十九条规定主张权利。

第十条 消费民事公益诉讼案件受理后，因同一侵权行为受到损害的消费者请求对其根据民事诉讼法第一百一十九条规定提起的诉讼予以中止，人民法院可以准许。

第十一条 消费民事公益诉讼案件审理过程中，被告提出反诉的，人民法院不予受理。

第十二条 原告在诉讼中承认对己方不利的事实，人民法院认为损害社会公共利益的，不予确认。

第十三条 原告在消费民事公益诉讼案件中，请求被告承担停止侵害、排除妨碍、消除危险、赔礼道歉等民事责任的，人民法院可予支持。

经营者利用格式条款或者通知、声明、店堂告示等，排除或者限制消费者权利、减轻或者免除经营者责任、加重消费者责任，原告认为对消费者不公平、不合理主张无效的，人民法院应依法予以支持。

第十四条 消费民事公益诉讼案件裁判生效后，人民法院应当在十日内书面告知相关行政主管部门，并可发出司法建议。

第十五条 消费民事公益诉讼案件的裁判发生法律效力后，其他依法具有原告资格的机关或者社会组织就同一侵权行为另行提起消费民事公益诉讼的，人民法院不予受理。

第十六条 已为消费民事公益诉讼生效裁判认定的事实，因同一侵权行为受到损害的消费者根据民事诉讼法第一百一十九条规定提起的诉讼，原告、被告均无需举证证明，但当事人对该事实有异议并有相反证据足以推翻的除外。

消费民事公益诉讼生效裁判认定经营者存在不法行为，因同一侵权行为受到损害的消费者根据民事诉讼法第一百一十九条规定提起的诉讼，原告主张适用的，人民法院可予支持，但被告有相反证据足以推翻的除外。被告主张直接适用对其有利认定的，人民法院不予支持，被告仍应承担相应举证证明责任。

第十七条 原告为停止侵害、排除妨碍、消除危险采取合理预防、处置措施而发生的费用，请求被告承担的，人民法院应依法予以支持。

第十八条 原告及其诉讼代理人对侵权行为进行调查、取证的合理费用、鉴定费用、合理的律师代理费用，人民法院可根据实际情况予以相应支持。

第十九条 本解释自 2016 年 5 月 1 日起施行。

本解释施行后人民法院新受理的一审案件，适用本解释。

本解释施行前人民法院已经受理、施行后尚未审结的一审、二审案件，以及本解释施行前已经终审、施行后当事人申请再审或者按照审判监督程序决定再审的案件,不适用本解释。

5. 最高人民法院关于审理道路交通事故损害赔偿案件适用法律若干问题的解释

(2012年9月17日由最高人民法院审判委员会第1556次会议通过　根据2020年12月23日最高人民法院审判委员会第1823次会议通过的《最高人民法院关于修改〈最高人民法院关于在民事审判工作中适用《中华人民共和国工会法》若干问题的解释〉等二十七件民事类司法解释的决定》修正)

为正确审理道路交通事故损害赔偿案件,根据《中华人民共和国民法典》《中华人民共和国道路交通安全法》《中华人民共和国保险法》《中华人民共和国民事诉讼法》等法律的规定,结合审判实践,制定本解释。

一、关于主体责任的认定

第一条　机动车发生交通事故造成损害,机动车所有人或者管理人有下列情形之一,人民法院应当认定其对损害的发生有过错,并适用民法典第一千二百零九条的规定确定其相应的赔偿责任:

(一)知道或者应当知道机动车存在缺陷,且该缺陷是交通事故发生原因之一的;

(二)知道或者应当知道驾驶人无驾驶资格或者未取得相应驾驶资格的;

(三)知道或者应当知道驾驶人因饮酒、服用国家管制的精神药品或者麻醉药品,或者患有妨碍安全驾驶机动车的疾病等依法不能驾驶机动车的;

(四)其它应当认定机动车所有人或者管理人有过错的。

第二条 被多次转让但是未办理登记的机动车发生交通事故造成损害，属于该机动车一方责任，当事人请求由最后一次转让并交付的受让人承担赔偿责任的，人民法院应予支持。

第三条 套牌机动车发生交通事故造成损害，属于该机动车一方责任，当事人请求由套牌机动车的所有人或者管理人承担赔偿责任的，人民法院应予支持；被套牌机动车所有人或者管理人同意套牌的，应当与套牌机动车的所有人或者管理人承担连带责任。

第四条 拼装车、已达到报废标准的机动车或者依法禁止行驶的其他机动车被多次转让，并发生交通事故造成损害，当事人请求由所有的转让人和受让人承担连带责任的，人民法院应予支持。

第五条 接受机动车驾驶培训的人员，在培训活动中驾驶机动车发生交通事故造成损害，属于该机动车一方责任，当事人请求驾驶培训单位承担赔偿责任的，人民法院应予支持。

第六条 机动车试乘过程中发生交通事故造成试乘人损害，当事人请求提供试乘服务者承担赔偿责任的，人民法院应予支持。试乘人有过错的，应当减轻提供试乘服务者的赔偿责任。

第七条 因道路管理维护缺陷导致机动车发生交通事故造成损害，当事人请求道路管理者承担相应赔偿责任的，人民法院应予支持。但道路管理者能够证明已经依照法律、法规、规章的规定，或者按照国家标准、行业标准、地方标准的要求尽到安全防护、警示等管理维护义务的除外。

依法不得进入高速公路的车辆、行人，进入高速公路发生交通事故造成自身损害，当事人请求高速公路管理者承担赔偿责任的，适用民法典第一千二百四十三条的规定。

第八条 未按照法律、法规、规章或者国家标准、行业标准、地方标准的强制性规定设计、施工，致使道路存在缺陷并造成交通事故，当事人请求建设单位与施工单位承担相应赔偿责任的，人民法院应予支持。

第九条 机动车存在产品缺陷导致交通事故造成损害，当事人请求生产者或者销售者依照民法典第七编第四章的规定承担赔偿责任的，人民法院应予支持。

第十条 多辆机动车发生交通事故造成第三人损害，当事人请求多个侵权人承担赔偿责任的，人民法院应当区分不同情况，依照民法典第一千一百七十条、第一千一百七十一条、第一千一百七十二条的规定，确定侵权人承担连带责任或者按份责任。

二、关于赔偿范围的认定

第十一条 道路交通安全法第七十六条规定的“人身伤亡”，是指机动车发生交通事故侵害被侵权人的生命权、身体权、健康权等人身权益所造成的损害，包括民法典第一千一百七十九条和第一千一百八十三条规定的各项损害。

道路交通安全法第七十六条规定的“财产损失”，是指因机动车发生交通事故侵害被侵权人的财产权益所造成的损失。

第十二条 因道路交通事故造成下列财产损失，当事人请求侵权人赔偿的，人民法院应予支持：

（一）维修被损坏车辆所支出的费用、车辆所载物品的损失、车辆施救费用；

（二）因车辆灭失或者无法修复，为购买交通事故发生时与被损坏车辆价值相当的车辆重置费用；

（三）依法从事货物运输、旅客运输等经营性活动的车辆，因无法从事相应经营活动所产生的合理停运损失；

（四）非经营性车辆因无法继续使用，所产生的通常替代性交通工具的合理费用。

三、关于责任承担的认定

第十三条 同时投保机动车第三者责任强制保险（以下简称“交强险”）和第三者责任商业保险（以下简称“商业三者险”）的机动车发生交通事故造成损害，当事人同时起诉侵权人和保险公司的，人民法院应当依照民法典第一千二百一十三条的规定，确定赔偿责任。

被侵权人或者其近亲属请求承保交强险的保险公司优先赔偿精神损害的，人民法院应予支持。

第十四条 投保人允许的驾驶人驾驶机动车致使投保人遭受损害，当事人请求承保交强险的保险公司在责任限额范围内予以赔偿的，人民法院应予支持，但投保人为本车上人员的除外。

第十五条 有下列情形之一导致第三人人身损害，当事人请求保险公司在交强险责任限额范围内予以赔偿，人民法院应予支持：

（一）驾驶人未取得驾驶资格或者未取得相应驾驶资格的；

（二）醉酒、服用国家管制的精神药品或者麻醉药品后驾驶机动车发生交通事故的；

（三）驾驶人故意制造交通事故的。

保险公司在赔偿范围内向侵权人主张追偿权的，人民法院应予支持。追偿权的诉讼时效期间自保险公司实际赔偿之日起计算。

第十六条 未依法投保交强险的机动车发生交通事故造成损害，当事人请求投保义务人在交强险责任限额范围内予以赔偿的，人民法院应予支持。

投保义务人和侵权人不是同一人，当事人请求投保义务人和侵权人在交强险责任限额范围内承担相应责任的，人民法院应予支持。

第十七条 具有从事交强险业务资格的保险公司违法拒绝承保、拖延承保或者违法解除交强险合同，投保义务人在向第三人承担赔偿责任后，请求该保险公司在交强险责任限额范围内承担相应赔偿责任的，人民法院应予支持。

第十八条 多辆机动车发生交通事故造成第三人损害，损失超出各机动车交强险责任限额之和的，由各保险公司在各自责任限额范围内承担赔偿责任；损失未超出各机动车交强险责任限额之和，当事人请求由各保险公司按照其责任限额与责任限额之和的比例承担赔偿责任的，人民法院应予支持。

依法分别投保交强险的牵引车和挂车连接使用时发生交通事故造成第三人损害，当事人请求由各保险公司在各自的责任限额范围内平均赔偿的，人民法院应予支持。

多辆机动车发生交通事故造成第三人损害，其中部分机动车未投保交强险，当事人请求先由已承保交强险的保险公司在责任限额范围内予以赔偿的，人民法院应予支持。保险公司就超出其应承担的部分向未投保交强险的投保义务人或者侵权人行使追偿权的，人民法院应予支持。

第十九条 同一交通事故的多个被侵权人同时起诉的，人民法院应当按照各被侵权人的损失比例确定交强险的赔偿数额。

第二十条 机动车所有权在交强险合同有效期内发生变动，保险公司在交通事故发生后，以该机动车未办理交强险合同变更手续为由主张免除赔偿责任的，人民法院不予支持。

机动车在交强险合同有效期内发生改装、使用性质改变等导致危险程度增加的情形，发生交通事故后，当事人请求保险公司在责任限额范围内予以赔偿的，人民法院应予支持。

前款情形下,保险公司另行起诉请求投保义务人按照重新核定后的保险费标准补足当期保险费的,人民法院应予支持。

第二十一条 当事人主张交强险人身伤亡保险金请求权转让或者设定担保的行为无效的,人民法院应予支持。

四、关于诉讼程序的规定

第二十二条 人民法院审理道路交通事故损害赔偿案件,应当将承保交强险的保险公司列为共同被告。但该保险公司已经在交强险责任限额范围内予以赔偿且当事人无异议的除外。

人民法院审理道路交通事故损害赔偿案件,当事人请求将承保商业三者险的保险公司列为共同被告的,人民法院应予准许。

第二十三条 被侵权人因道路交通事故死亡,无近亲属或者近亲属不明,未经法律授权的机关或者有关组织向人民法院起诉主张死亡赔偿金的,人民法院不予受理。

侵权人以已向未经法律授权的机关或者有关组织支付死亡赔偿金为理由,请求保险公司在交强险责任限额范围内予以赔偿的,人民法院不予支持。

被侵权人因道路交通事故死亡,无近亲属或者近亲属不明,支付被侵权人医疗费、丧葬费等合理费用的单位或者个人,请求保险公司在交强险责任限额范围内予以赔偿的,人民法院应予支持。

第二十四条 公安机关交通管理部门制作的交通事故认定书,人民法院应依法审查并确认其相应的证明力,但有相反证据推翻的除外。

五、关于适用范围的规定

第二十五条 机动车在道路以外的地方通行时引发的损害赔偿案件,可以参照适用本解释的规定。

第二十六条 本解释施行后尚未终审的案件,适用本解释;本解释施行前已经终审,当事人申请再审或者按照审判监督程序决定再审的案件,不适用本解释。

6. 最高人民法院关于审理铁路运输损害赔偿案件若干问题的解释

（1994年10月27日印发　根据2020年12月23日最高人民法院审判委员会第1823次会议通过的《最高人民法院关于修改〈最高人民法院关于在民事审判工作中适用《中华人民共和国工会法》若干问题的解释〉等二十七件民事类司法解释的决定》修正）

为了正确、及时地审理铁路运输损害赔偿案件，现就审判工作中遇到的一些问题，根据《中华人民共和国铁路法》（以下简称铁路法）和有关的法律规定，结合审判实践，作出如下解释，供在审判工作中执行。

一、实际损失的赔偿范围

铁路法第十七条中的"实际损失"，是指因灭失、短少、变质、污染、损坏导致货物、包裹、行李实际价值的损失。

铁路运输企业按照实际损失赔偿时，对灭失、短少的货物、包裹、行李，按照其实际价值赔偿；对变质、污染、损坏降低原有价值的货物、包裹、行李，可按照其受损前后实际价值的差额或者加工、修复费用赔偿。

货物、包裹、行李的赔偿价值按照托运时的实际价值计算。实际价值中未包含已支付的铁路运杂费、包装费、保险费、短途搬运费等费用的，按照损失部分的比例加算。

二、铁路运输企业的重大过失

铁路法第十七条中的"重大过失"是指铁路运输企业或者其受雇人、代理人对承运的货物、包裹、行李明知可能造成损失而轻率地作为或者不作为。

三、保价货物损失的赔偿

铁路法第十七条第一款(一)项中规定的“按照实际损失赔偿,但最高不超过保价额。”是指保价运输的货物、包裹、行李在运输中发生损失,无论托运人在办理保价运输时,保价额是否与货物、包裹、行李的实际价值相符,均应在保价额内按照损失部分的实际价值赔偿,实际损失超过保价额的部分不予赔偿。

如果损失是因铁路运输企业的故意或者重大过失造成的,比照铁路法第十七条第一款(二)项的规定,不受保价额的限制,按照实际损失赔偿。

四、保险货物损失的赔偿

投保货物运输险的货物在运输中发生损失,对不属于铁路运输企业免责范围的,适用铁路法第十七条第一款(二)项的规定,由铁路运输企业承担赔偿责任。

保险公司按照保险合同的约定向托运人或收货人先行赔付后,对于铁路运输企业应按货物实际损失承担赔偿责任的,保险公司按照支付的保险金额向铁路运输企业追偿,因不足额保险产生的实际损失与保险金的差额部分,由铁路运输企业赔偿;对于铁路运输企业应按限额承担赔偿责任的,在足额保险的情况下,保险公司向铁路运输企业的追偿额为铁路运输企业的赔偿限额,在不足额保险的情况下,保险公司向铁路运输企业的追偿额在铁路运输企业的赔偿限额内按照投保金额与货物实际价值的比例计算,因不足额保险产生的铁路运输企业的赔偿限额与保险公司在限额内追偿额的差额部分,由铁路运输企业赔偿。

五、保险保价货物损失的赔偿

既保险又保价的货物在运输中发生损失,对不属于铁路运输企业免责范围的,适用铁路法第十七条第一款(一)项的规定由铁路运输企业承担赔偿责任。对于保险公司先行赔付的,比照本解释第四条对保险货物损失的赔偿处理。

六、保险补偿制度的适用

《铁路货物运输实行保险与负责运输相结合的补偿制度的规定(试行)》(简称保险补偿制度),适用于1991年5月1日铁路法实施以前已投保货物运输险的案件。铁路法实施后投保货物运输险的案件,适用铁路法第十七条第一款的规定,保险补偿制度中有关保险补偿的规定不再适用。

七、逾期交付的责任

货物、包裹、行李逾期交付,如果是因铁路逾期运到造成的,由铁路运输企业支付逾期违约金;如果是因收货人或旅客逾期领取造成的,由收货人或旅客支付保管费;既因逾期运到又因收货人或旅客逾期领取造成的,由双方各自承担相应的责任。

铁路逾期运到并且发生损失时,铁路运输企业除支付逾期违约金外,还应当赔偿损失。对收货人或者旅客逾期领取,铁路运输企业在代保管期间因保管不当造成损失的,由铁路运输企业赔偿。

八、误交付的责任

货物、包裹、行李误交付(包括被第三者冒领造成的误交付),铁路运输企业查找超过运到期限的,由铁路运输企业支付逾期违约金。不能交付的,或者交付时有损失的,由铁路运输企业赔偿。铁路运输企业赔付后,再向有责任的第三者追偿。

九、赔偿后又找回原物的处理

铁路运输企业赔付后又找回丢失、被盗、冒领、逾期等按灭失处理的货物、包裹、行李的,在通知托运人,收货人或旅客退还赔款领回原物的期限届满后仍无人领取的,适用铁路法第二十二条按无主货物的规定处理。铁路运输企业未通知托运人,收货人或者旅客而自行处理找回的货物、包裹、行李的,由铁路运输企业赔偿实际损失与已付赔款差额。

十、代办运输货物损失的赔偿

代办运输的货物在铁路运输中发生损失,对代办运输企业接受托运人的委托以自己的名义与铁路运输企业签订运输合同托运或领取货物的,如委托人依据委托合同要求代办运输企业向铁路运输企业索赔的,应予支持。对代办运输企业未及时索赔而超过运输合同索赔时效的,代办运输企业应当赔偿。

十一、铁路旅客运送责任期间

铁路运输企业对旅客运送的责任期间自旅客持有效车票进站时起到旅客出站或者应当出站时止。不包括旅客在候车室内的期间。

十二、第三者责任造成旅客伤亡的赔偿

在铁路旅客运送期间因第三者责任造成旅客伤亡,旅客或者其继承人要求铁路运输企业先予赔偿的,应予支持。铁路运输企业赔付后,有权向有责任的第三者追偿。

7. 最高人民法院关于审理铁路运输人身损害赔偿纠纷案件适用法律若干问题的解释

（2010年1月4日由最高人民法院审判委员会第1482次会议通过　根据2020年12月23日最高人民法院审判委员会第1823次会议通过的《最高人民法院关于修改〈最高人民法院关于在民事审判工作中适用《中华人民共和国工会法》若干问题的解释〉等二十七件民事类司法解释的决定》修正）

为正确审理铁路运输人身损害赔偿纠纷案件，依法维护各方当事人的合法权益，根据《中华人民共和国民法典》《中华人民共和国铁路法》《中华人民共和国民事诉讼法》等法律的规定，结合审判实践，就有关适用法律问题作如下解释：

第一条　人民法院审理铁路行车事故及其他铁路运营事故造成的铁路运输人身损害赔偿纠纷案件，适用本解释。

与铁路运输企业建立劳动合同关系或者形成劳动关系的铁路职工在执行职务中发生的人身损害，依照有关调整劳动关系的法律规定及其他相关法律规定处理。

第二条　铁路运输人身损害的受害人、依法由受害人承担扶养义务的被扶养人以及死亡受害人的近亲属为赔偿权利人，有权请求赔偿。

第三条　赔偿权利人要求对方当事人承担侵权责任的，由事故发生地、列车最先到达地或者被告住所地铁路运输法院管辖；赔偿权利人依照民法典第三编要求承运人承担违约责任予以人身损害赔偿的，由运输始发地、目的地或者被告住所地铁路运输法院管辖。

第四条　铁路运输造成人身损害的，铁路运输企业应当承担赔偿责任；法律另有规定的,依照其规定。

第五条 铁路运输中发生人身损害,铁路运输企业举证证明有下列情形之一的,不承担赔偿责任:

(一)不可抗力造成的;

(二)受害人故意以卧轨、碰撞等方式造成的。

第六条 因受害人翻越、穿越、损毁、移动铁路线路两侧防护围墙、栅栏或者其他防护设施穿越铁路线路,偷乘货车,攀附行进中的列车,在未设置人行通道的铁路桥梁、隧道内通行,攀爬高架铁路线路,以及其他未经许可进入铁路线路、车站、货场等铁路作业区域的过错行为,造成人身损害的,应当根据受害人的过错程度适当减轻铁路运输企业的赔偿责任,并按照以下情形分别处理:

(一)铁路运输企业未充分履行安全防护、警示等义务,受害人有上述过错行为的,铁路运输企业应当在全部损失的百分之八十至百分之二十之间承担赔偿责任;

(二)铁路运输企业已充分履行安全防护、警示等义务,受害人仍施以上述过错行为的,铁路运输企业应当在全部损失的百分之二十至百分之十之间承担赔偿责任。

第七条 受害人横向穿越未封闭的铁路线路时存在过错,造成人身损害的,按照前条规定处理。

受害人不听从值守人员劝阻或者无视禁行警示信号、标志硬行通过铁路平交道口、人行过道,或者沿铁路线路纵向行走,或者在铁路线路上坐卧,造成人身损害,铁路运输企业举证证明已充分履行安全防护、警示等义务的,不承担赔偿责任。

第八条 铁路运输造成无民事行为能力人人身损害的,铁路运输企业应当承担赔偿责任;监护人有过错的,按照过错程度减轻铁路运输企业的赔偿责任,但铁路运输企业承担的赔偿责任应当不低于全部损失的百分之五十。

铁路运输造成限制民事行为能力人人身损害的,铁路运输企业应当承担赔偿责任;监护人及受害人自身有过错的,按照过错程度减轻铁路运输企业的赔偿责任,但铁路运输企业承担的赔偿责任应当不低于全部损失的百分之四十。

第九条 铁路机车车辆与机动车发生碰撞造成机动车驾驶人员以外的人人身损害的,由铁路运输企业与机动车一方对受害人承担连带赔偿责任。铁路运输企业与机动车一方之间,按照各自的过错分担责任;双方均无过错的,按照公平原则分担责任。对受害人实际承担赔偿责任超出应当承担份额的一方,有权向另一方追偿。

铁路机车车辆与机动车发生碰撞造成机动车驾驶人员人身损害的,按照本解释第四条至第七条的规定处理。

第十条 在非铁路运输企业实行监护的铁路无人看守道口发生事故造成人身损害的,由铁路运输企业按照本解释的有关规定承担赔偿责任。道口管理单位有过错的,铁路运输企业对赔偿权利人承担赔偿责任后,有权向道口管理单位追偿。

第十一条 对于铁路桥梁、涵洞等设施负有管理、维护等职责的单位,因未尽职责使该铁路桥梁、涵洞等设施不能正常使用,导致行人、车辆穿越铁路线路造成人身损害的,铁路运输企业按照本解释有关规定承担赔偿责任后,有权向该单位追偿。

第十二条 铁路旅客运送期间发生旅客人身损害,赔偿权利人要求铁路运输企业承担违约责任的,人民法院应当依照民法典第八百一十一条、第八百二十二条、第八百二十三条等规定,确定铁路运输企业是否承担责任及责任的大小;赔偿权利人要求铁路运输企业承担侵权赔偿责任的,人民法院应当依照有关侵权责任的法律规定,确定铁路运输企业是否承担赔偿责任及责任的大小。

第十三条 铁路旅客运送期间因第三人侵权造成旅客人身损害的,由实施侵权行为的第三人承担赔偿责任。铁路运输企业有过错的,应当在能够防止或者制止损害的范围内承担相应的补充赔偿责任。铁路运输企业承担赔偿责任后,有权向第三人追偿。

车外第三人投掷石块等击打列车造成车内旅客人身损害,赔偿权利人要求铁路运输企业先予赔偿的,人民法院应当予以支持。铁路运输企业赔付后,有权向第三人追偿。

第十四条 有权作出事故认定的组织依照《铁路交通事故应急救援和调查处理条例》等有关规定制作的事故认定书,经庭审质证,对于事故认定书所认定的事实,当事人没有相反证据和理由足以推翻的,人民法院应当作为认定事实的根据。

第十五条 在专用铁路及铁路专用线上因运输造成人身损害,依法应当由肇事工具或者设备的所有人、使用人或者管理人承担赔偿责任的,适用本解释。

第十六条 本院以前发布的司法解释与本解释不一致的，以本解释为准。

本解释施行前已经终审，本解释施行后当事人申请再审或者按照审判监督程序决定再审的案件，不适用本解释。

8. 最高人民法院关于审理医疗损害责任纠纷案件适用法律若干问题的解释

（2017年3月27日由最高人民法院审判委员会第1713次会议通过　根据2020年12月23日最高人民法院审判委员会第1823次会议通过的《最高人民法院关于修改〈最高人民法院关于在民事审判工作中适用《中华人民共和国工会法》若干问题的解释〉等二十七件民事类司法解释的决定》修正）

为正确审理医疗损害责任纠纷案件，依法维护当事人的合法权益，推动构建和谐医患关系，促进卫生健康事业发展，根据《中华人民共和国民法典》《中华人民共和国民事诉讼法》等法律规定，结合审判实践，制定本解释。

第一条 患者以在诊疗活动中受到人身或者财产损害为由请求医疗机构，医疗产品的生产者、销售者、药品上市许可持有人或者血液提供机构承担侵权责任的案件，适用本解释。

患者以在美容医疗机构或者开设医疗美容科室的医疗机构实施的医疗美容活动中受到人身或者财产损害为由提起的侵权纠纷案件，适用本解释。

当事人提起的医疗服务合同纠纷案件，不适用本解释。

第二条 患者因同一伤病在多个医疗机构接受诊疗受到损害，起诉部分或者全部就诊的医疗机构的，应予受理。

患者起诉部分就诊的医疗机构后，当事人依法申请追加其他就诊的医疗机构为共同被告或者第三人的，应予准许。必要时，人民法院可以依法追加相关当事人参加诉讼。

第三条 患者因缺陷医疗产品受到损害，起诉部分或者全部医疗产品的生产者、销售者、药品上市许可持有人和医疗机构的，应予受理。

患者仅起诉医疗产品的生产者、销售者、药品上市许可持有人、医疗机构中部分主体，当事人依法申请追加其他主体为共同被告或者第三人的，应予准许。必要时，人民法院可以依法追加相关当事人参加诉讼。

患者因输入不合格的血液受到损害提起侵权诉讼的，参照适用前两款规定。

第四条 患者依据民法典第一千二百一十八条规定主张医疗机构承担赔偿责任的，应当提交到该医疗机构就诊、受到损害的证据。

患者无法提交医疗机构或者其医务人员有过错、诊疗行为与损害之间具有因果关系的证据，依法提出医疗损害鉴定申请的，人民法院应予准许。

医疗机构主张不承担责任的，应当就民法典第一千二百二十四条第一款规定情形等抗辩事由承担举证证明责任。

第五条 患者依据民法典第一千二百一十九条规定主张医疗机构承担赔偿责任的，应当按照前条第一款规定提交证据。

实施手术、特殊检查、特殊治疗的，医疗机构应当承担说明义务并取得患者或者患者近亲属明确同意，但属于民法典第一千二百二十条规定情形的除外。医疗机构提交患者或者患者近亲属明确同意证据的，人民法院可以认定医疗机构尽到说明义务，但患者有相反证据足以反驳的除外。

第六条 民法典第一千二百二十二条规定的病历资料包括医疗机构保管的门诊病历、住院志、体温单、医嘱单、检验报告、医学影像检查资料、特殊检查（治疗）同意书、手术同意书、手术及麻醉记录、病理资料、护理记录、出院记录以及国务院卫生行政主管部门规定的其他病历资料。

患者依法向人民法院申请医疗机构提交由其保管的与纠纷有关的病历资料等，医疗机构未在人民法院指定期限内提交的，人民法院可以依照民法典第一千二百二十二条第二项规定推定医疗机构有过错，但是因不可抗力等客观原因无法提交的除外。

第七条 患者依据民法典第一千二百二十三条规定请求赔偿的，应当提交使用医疗产品或者输入血液、受到损害的证据。

患者无法提交使用医疗产品或者输入血液与损害之间具有因果关系的证据，依法申请鉴定的，人民法院应予准许。

医疗机构，医疗产品的生产者、销售者、药品上市许可持有人或者血液提供机构主张不承担责任的，应当对医疗产品不存在缺陷或者血液合格等抗辩事由承担举证证明责任。

第八条 当事人依法申请对医疗损害责任纠纷中的专门性问题进行鉴定的，人民法院应予准许。

当事人未申请鉴定，人民法院对前款规定的专门性问题认为需要鉴定的，应当依职权委托鉴定。

第九条 当事人申请医疗损害鉴定的，由双方当事人协商确定鉴定人。

当事人就鉴定人无法达成一致意见，人民法院提出确定鉴定人的方法，当事人同意的，按照该方法确定；当事人不同意的，由人民法院指定。

鉴定人应当从具备相应鉴定能力、符合鉴定要求的专家中确定。

第十条 委托医疗损害鉴定的，当事人应当按照要求提交真实、完整、充分的鉴定材料。提交的鉴定材料不符合要求的，人民法院应当通知当事人更换或者补充相应材料。

在委托鉴定前，人民法院应当组织当事人对鉴定材料进行质证。

第十一条 委托鉴定书，应当有明确的鉴定事项和鉴定要求。鉴定人应当按照委托鉴定的事项和要求进行鉴定。

下列专门性问题可以作为申请医疗损害鉴定的事项：

（一）实施诊疗行为有无过错；

（二）诊疗行为与损害后果之间是否存在因果关系以及原因力大小；

（三）医疗机构是否尽到了说明义务、取得患者或者患者近亲属明确同意的义务；

（四）医疗产品是否有缺陷、该缺陷与损害后果之间是否存在因果关系以及原因力的大小；

（五）患者损伤残疾程度；

（六）患者的护理期、休息期、营养期；

（七）其他专门性问题。

鉴定要求包括鉴定人的资质、鉴定人的组成、鉴定程序、鉴定意见、鉴定期限等。

第十二条 鉴定意见可以按照导致患者损害的全部原因、主要原因、同等原因、次要原因、轻微原因或者与患者损害无因果关系，表述诊疗行为或者医疗产品等造成患者损害的原因力大小。

第十三条 鉴定意见应当经当事人质证。

当事人申请鉴定人出庭作证，经人民法院审查同意，或者人民法院认为鉴定人有必要出庭的，应当通知鉴定人出庭作证。双方当事人同意鉴定人通过书面说明、视听传输技术或者视听资料等方式作证的，可以准许。

鉴定人因健康原因、自然灾害等不可抗力或者其他正当理由不能按期出庭的，可以延期开庭；经人民法院许可，也可以通过书面说明、视听传输技术或者视听资料等方式作证。

无前款规定理由，鉴定人拒绝出庭作证，当事人对鉴定意见又不认可的，对该鉴定意见不予采信。

第十四条 当事人申请通知一至二名具有医学专门知识的人出庭，对鉴定意见或者案件的其他专门性事实问题提出意见，人民法院准许的，应当通知具有医学专门知识的人出庭。

前款规定的具有医学专门知识的人提出的意见，视为当事人的陈述，经质证可以作为认定案件事实的根据。

第十五条 当事人自行委托鉴定人作出的医疗损害鉴定意见，其他当事人认可的，可予采信。

当事人共同委托鉴定人作出的医疗损害鉴定意见，一方当事人不认可的，应当提出明确的异议内容和理由。经审查，有证据足以证明异议成立的，对鉴定意见不予采信；异议不成立的，应予采信。

第十六条 对医疗机构或者其医务人员的过错，应当依据法律、行政法规、规章以及其他有关诊疗规范进行认定，可以综合考虑患者病情的紧急程度、患者个体差异、当地的医疗水平、医疗机构与医务人员资质等因素。

第十七条 医务人员违反民法典第一千二百一十九条第一款规定义务，但未造成患者人身损害，患者请求医疗机构承担损害赔偿责任的，不予支持。

第十八条 因抢救生命垂危的患者等紧急情况且不能取得患者意见时，下列情形可以认定为民法典第一千二百二十条规定的不能取得患者近亲属意见：

（一）近亲属不明的；

（二）不能及时联系到近亲属的；

（三）近亲属拒绝发表意见的；

（四）近亲属达不成一致意见的；

（五）法律、法规规定的其他情形。

前款情形，医务人员经医疗机构负责人或者授权的负责人批准立即实施相应医疗措施，患者因此请求医疗机构承担赔偿责任的，不予支持；医疗机构及其医务人员怠于实施相应医疗措施造成损害，患者请求医疗机构承担赔偿责任的，应予支持。

第十九条 两个以上医疗机构的诊疗行为造成患者同一损害，患者请求医疗机构承担赔偿责任的，应当区分不同情况，依照民法典第一千一百六十八条、第一千一百七十一条或者第一千一百七十二条的规定，确定各医疗机构承担的赔偿责任。

第二十条 医疗机构邀请本单位以外的医务人员对患者进行诊疗，因受邀医务人员的过错造成患者损害的，由邀请医疗机构承担赔偿责任。

第二十一条 因医疗产品的缺陷或者输入不合格血液受到损害，患者请求医疗机构，缺陷医疗产品的生产者、销售者、药品上市许可持有人或者血液提供机构承担赔偿责任的，应予支持。

医疗机构承担赔偿责任后，向缺陷医疗产品的生产者、销售者、药品上市许可持有人或者血液提供机构追偿的，应予支持。

因医疗机构的过错使医疗产品存在缺陷或者血液不合格，医疗产品的生产者、销售者、药品上市许可持有人或者血液提供机构承担赔偿责任后，向医疗机构追偿的，应予支持。

第二十二条 缺陷医疗产品与医疗机构的过错诊疗行为共同造成患者同一损害，患者请求医疗机构与医疗产品的生产者、销售者、药品上市许可持有人承担连带责任的，应予支持。

医疗机构或者医疗产品的生产者、销售者、药品上市许可持有人承担赔偿责任后，向其他责任主体追偿的，应当根据诊疗行为与缺陷医疗产品造成患者损害的原因力大小确定相应的数额。

输入不合格血液与医疗机构的过错诊疗行为共同造成患者同一损害的，参照适用前两款规定。

第二十三条 医疗产品的生产者、销售者、药品上市许可持有人明知医疗产品存在缺陷仍然生产、销售，造成患者死亡或者健康严重损害，被侵权人请求生产者、销售者、药品上市许可持有人赔偿损失及二倍以下惩罚性赔偿的，人民法院应予支持。

第二十四条 被侵权人同时起诉两个以上医疗机构承担赔偿责任，人民法院经审理，受诉法院所在地的医疗机构依法不承担赔偿责任，其他医疗机构承担赔偿责任的，残疾赔偿金、死亡赔偿金的计算，按下列情形分别处理：

（一）一个医疗机构承担责任的，按照该医疗机构所在地的赔偿标准执行；

（二）两个以上医疗机构均承担责任的，可以按照其中赔偿标准较高的医疗机构所在地标准执行。

第二十五条 患者死亡后，其近亲属请求医疗损害赔偿的，适用本解释；支付患者医疗费、丧葬费等合理费用的人请求赔偿该费用的，适用本解释。

本解释所称的“医疗产品”包括药品、消毒产品、医疗器械等。

第二十六条 本院以前发布的司法解释与本解释不一致的，以本解释为准。

本解释施行后尚未终审的案件，适用本解释；本解释施行前已经终审，当事人申请再审或者按照审判监督程序决定再审的案件，不适用本解释。

9. 最高人民法院关于审理环境民事公益诉讼案件适用法律若干问题的解释

（2014年12月8日最高人民法院审判委员会第1631次会议通过 根据2020年12月23日最高人民法院审判委员会第1823次会议通过的《最高人民法院关于修改〈最高人民法院关于人民法院民事调解工作若干问题的规定〉等十九件民事诉讼类司法解释的决定》修正）

为正确审理环境民事公益诉讼案件，根据《中华人民共和国民法典》《中华人民共和国环境保护法》《中华人民共和国民事诉讼法》等法律的规定，结合审判实践，制定本解释。

第一条 法律规定的机关和有关组织依据民事诉讼法第五十五条、环境保护法第五十八条等法律的规定，对已经损害社会公共利益或者具有损害社会公共利益重大风险的污染环境、破坏生态的行为提起诉讼，符合民事诉讼法第一百一十九条第二项、第三项、第四项规定的，人民法院应予受理。

第二条 依照法律、法规的规定，在设区的市级以上人民政府民政部门登记的社会团体、基金会以及社会服务机构等，可以认定为环境保护法第五十八条规定的社会组织。

第三条 设区的市，自治州、盟、地区，不设区的地级市，直辖市的区以上人民政府民政部门，可以认定为环境保护法第五十八条规定的“设区的市级以上人民政府民政部门”。

第四条 社会组织章程确定的宗旨和主要业务范围是维护社会公共利益，且从事环境保护公益活动的，可以认定为环境保护法第五十八条规定的“专门从事环境保护公益活动”。

社会组织提起的诉讼所涉及的社会公共利益，应与其宗旨和业务范围具有关联性。

第五条 社会组织在提起诉讼前五年内未因从事业务活动违反法律、法规的规定受过行政、刑事处罚的，可以认定为环境保护法第五十八条规定的“无违法记录”。

第六条 第一审环境民事公益诉讼案件由污染环境、破坏生态行为发生地、损害结果地或者被告住所地的中级以上人民法院管辖。

中级人民法院认为确有必要的，可以在报请高级人民法院批准后，裁定将本院管辖的第一审环境民事公益诉讼案件交由基层人民法院审理。

同一原告或者不同原告对同一污染环境、破坏生态行为分别向两个以上有管辖权的人民法院提起环境民事公益诉讼的，由最先立案的人民法院管辖，必要时由共同上级人民法院指定管辖。

第七条 经最高人民法院批准，高级人民法院可以根据本辖区环境和生态保护的实际情况，在辖区内确定部分中级人民法院受理第一审环境民事公益诉讼案件。

中级人民法院管辖环境民事公益诉讼案件的区域由高级人民法院确定。

第八条 提起环境民事公益诉讼应当提交下列材料：

（一）符合民事诉讼法第一百二十一条规定的起诉状，并按照被告人数提出副本；

（二）被告的行为已经损害社会公共利益或者具有损害社会公共利益重大风险的初步证明材料；

（三）社会组织提起诉讼的，应当提交社会组织登记证书、章程、起诉前连续五年的年度工作报告书或者年检报告书，以及由其法定代表人或者负责人签字并加盖公章的无违法记录的声明。

第九条 人民法院认为原告提出的诉讼请求不足以保护社会公共利益的，可以向其释明变更或者增加停止侵害、修复生态环境等诉讼请求。

第十条 人民法院受理环境民事公益诉讼后，应当在立案之日起五日内将起诉状副本发送被告，并公告案件受理情况。

有权提起诉讼的其他机关和社会组织在公告之日起三十日内申请参加诉讼，经审查符合法定条件的，人民法院应当将其列为共同原告；逾期申请的，不予准许。

公民、法人和其他组织以人身、财产受到损害为由申请参加诉讼的，告知其另行起诉。

第十一条 检察机关、负有环境资源保护监督管理职责的部门及其他机关、社会组织、企业事业单位依据民事诉讼法第十五条的规定，可以通过提供法律咨询、提交书面意见、协助调查取证等方式支持社会组织依法提起环境民事公益诉讼。

第十二条 人民法院受理环境民事公益诉讼后，应当在十日内告知对被告行为负有环境资源保护监督管理职责的部门。

第十三条 原告请求被告提供其排放的主要污染物名称、排放方式、排放浓度和总量、超标排放情况以及防治污染设施的建设和运行情况等环境信息，法律、法规、规章规定被告应当持有或者有证据证明被告持有而拒不提供，如果原告主张相关事实不利于被告的，人民法院可以推定该主张成立。

第十四条 对于审理环境民事公益诉讼案件需要的证据，人民法院认为必要的，应当调查收集。

对于应当由原告承担举证责任且为维护社会公共利益所必要的专门性问题，

人民法院可以委托具备资格的鉴定人进行鉴定。

第十五条 当事人申请通知有专门知识的人出庭,就鉴定人作出的鉴定意见或者就因果关系、生态环境修复方式、生态环境修复费用以及生态环境受到损害至修复完成期间服务功能丧失导致的损失等专门性问题提出意见的,人民法院可以准许。

前款规定的专家意见经质证,可以作为认定事实的根据。

第十六条 原告在诉讼过程中承认的对己方不利的事实和认可的证据,人民法院认为损害社会公共利益的,应当不予确认。

第十七条 环境民事公益诉讼案件审理过程中,被告以反诉方式提出诉讼请求的,人民法院不予受理。

第十八条 对污染环境、破坏生态,已经损害社会公共利益或者具有损害社会公共利益重大风险的行为,原告可以请求被告承担停止侵害、排除妨碍、消除危险、修复生态环境、赔偿损失、赔礼道歉等民事责任。

第十九条 原告为防止生态环境损害的发生和扩大,请求被告停止侵害、排除妨碍、消除危险的,人民法院可以依法予以支持。

原告为停止侵害、排除妨碍、消除危险采取合理预防、处置措施而发生的费用,请求被告承担的,人民法院可以依法予以支持。

第二十条 原告请求修复生态环境的,人民法院可以依法判决被告将生态环境修复到损害发生之前的状态和功能。无法完全修复的,可以准许采用替代性修复方式。

人民法院可以在判决被告修复生态环境的同时,确定被告不履行修复义务时应承担的生态环境修复费用;也可以直接判决被告承担生态环境修复费用。

生态环境修复费用包括制定、实施修复方案的费用,修复期间的监测、监管费用,以及修复完成后的验收费用、修复效果后评估费用等。

第二十一条 原告请求被告赔偿生态环境受到损害至修复完成期间服务功能丧失导致的损失、生态环境功能永久性损害造成的损失的,人民法院可以依法予以支持。

第二十二条 原告请求被告承担以下费用的,人民法院可以依法予以支持:

(一)生态环境损害调查、鉴定评估等费用;

(二)清除污染以及防止损害的发生和扩大所支出的合理费用;

（三）合理的律师费以及为诉讼支出的其他合理费用。

第二十三条 生态环境修复费用难以确定或者确定具体数额所需鉴定费用明显过高的，人民法院可以结合污染环境、破坏生态的范围和程度，生态环境的稀缺性，生态环境恢复的难易程度，防治污染设备的运行成本，被告因侵害行为所获得的利益以及过错程度等因素，并可以参考负有环境资源保护监督管理职责的部门的意见、专家意见等，予以合理确定。

第二十四条 人民法院判决被告承担的生态环境修复费用、生态环境受到损害至修复完成期间服务功能丧失导致的损失、生态环境功能永久性损害造成的损失等款项，应当用于修复被损害的生态环境。

其他环境民事公益诉讼中败诉原告所需承担的调查取证、专家咨询、检验、鉴定等必要费用，可以酌情从上述款项中支付。

第二十五条 环境民事公益诉讼当事人达成调解协议或者自行达成和解协议后，人民法院应当将协议内容公告，公告期间不少于三十日。

公告期满后，人民法院审查认为调解协议或者和解协议的内容不损害社会公共利益的，应当出具调解书。当事人以达成和解协议为由申请撤诉的，不予准许。

调解书应当写明诉讼请求、案件的基本事实和协议内容，并应当公开。

第二十六条 负有环境资源保护监督管理职责的部门依法履行监管职责而使原告诉讼请求全部实现，原告申请撤诉的，人民法院应予准许。

第二十七条 法庭辩论终结后，原告申请撤诉的，人民法院不予准许，但本解释第二十六条规定的情形除外。

第二十八条 环境民事公益诉讼案件的裁判生效后，有权提起诉讼的其他机关和社会组织就同一污染环境、破坏生态行为另行起诉，有下列情形之一的，人民法院应予受理：

（一）前案原告的起诉被裁定驳回的；

（二）前案原告申请撤诉被裁定准许的，但本解释第二十六条规定的情形除外。

环境民事公益诉讼案件的裁判生效后，有证据证明存在前案审理时未发现的损害，有权提起诉讼的机关和社会组织另行起诉的，人民法院应予受理。

第二十九条 法律规定的机关和社会组织提起环境民事公益诉讼的，不影响因同一污染环境、破坏生态行为受到人身、财产损害的公民、法人和其他组织依据民事诉讼法第一百一十九条的规定提起诉讼。

第三十条 已为环境民事公益诉讼生效裁判认定的事实，因同一污染环境、破坏生态行为依据民事诉讼法第一百一十九条规定提起诉讼的原告、被告均无需举证证明，但原告对该事实有异议并有相反证据足以推翻的除外。

对于环境民事公益诉讼生效裁判就被告是否存在法律规定的不承担责任或者减轻责任的情形、行为与损害之间是否存在因果关系、被告承担责任的大小等所作的认定，因同一污染环境、破坏生态行为依据民事诉讼法第一百一十九条规定提起诉讼的原告主张适用的，人民法院应予支持，但被告有相反证据足以推翻的除外。被告主张直接适用对其有利的认定的，人民法院不予支持，被告仍应举证证明。

第三十一条 被告因污染环境、破坏生态在环境民事公益诉讼和其他民事诉讼中均承担责任，其财产不足以履行全部义务的，应当先履行其他民事诉讼生效裁判所确定的义务，但法律另有规定的除外。

第三十二条 发生法律效力的环境民事公益诉讼案件的裁判，需要采取强制执行措施的，应当移送执行。

第三十三条 原告交纳诉讼费用确有困难，依法申请缓交的，人民法院应予准许。

败诉或者部分败诉的原告申请减交或者免交诉讼费用的，人民法院应当依照《诉讼费用交纳办法》的规定，视原告的经济状况和案件的审理情况决定是否准许。

第三十四条 社会组织有通过诉讼违法收受财物等牟取经济利益行为的，人民法院可以根据情节轻重依法收缴其非法所得、予以罚款；涉嫌犯罪的，依法移送有关机关处理。

社会组织通过诉讼牟取经济利益的，人民法院应当向登记管理机关或者有关机关发送司法建议，由其依法处理。

第三十五条 本解释施行前最高人民法院发布的司法解释和规范性文件，与本解释不一致的，以本解释为准。

10. 最高人民法院关于审理环境侵权责任纠纷案件适用法律若干问题的解释

（2015年2月9日由最高人民法院审判委员会第1644次会议通过　根据2020年12月23日最高人民法院审判委员会第1823次会议通过的《最高人民法院关于修改〈最高人民法院关于在民事审判工作中适用《中华人民共和国工会法》若干问题的解释〉等二十七件民事类司法解释的决定》修正）

为正确审理环境侵权责任纠纷案件，根据《中华人民共和国民法典》《中华人民共和国环境保护法》《中华人民共和国民事诉讼法》等法律的规定，结合审判实践，制定本解释。

第一条　因污染环境、破坏生态造成他人损害，不论侵权人有无过错，侵权人应当承担侵权责任。

侵权人以排污符合国家或者地方污染物排放标准为由主张不承担责任的，人民法院不予支持。

侵权人不承担责任或者减轻责任的情形，适用海洋环境保护法、水污染防治法、大气污染防治法等环境保护单行法的规定；相关环境保护单行法没有规定的，适用民法典的规定。

第二条　两个以上侵权人共同实施污染环境、破坏生态行为造成损害，被侵权人根据民法典第一千一百六十八条规定请求侵权人承担连带责任的，人民法院应予支持。

第三条　两个以上侵权人分别实施污染环境、破坏生态行为造成同一损害，每一个侵权人的污染环境、破坏生态行为都足以造成全部损害，被侵权人根据民法典第一千一百七十一条规定请求侵权人承担连带责任的,人民法院应予支持。

两个以上侵权人分别实施污染环境、破坏生态行为造成同一损害,每一个侵权人的污染环境、破坏生态行为都不足以造成全部损害,被侵权人根据民法典第一千一百七十二条规定请求侵权人承担责任的,人民法院应予支持。

两个以上侵权人分别实施污染环境、破坏生态行为造成同一损害,部分侵权人的污染环境、破坏生态行为足以造成全部损害,部分侵权人的污染环境、破坏生态行为只造成部分损害,被侵权人根据民法典第一千一百七十一条规定请求足以造成全部损害的侵权人与其他侵权人就共同造成的损害部分承担连带责任,并对全部损害承担责任的,人民法院应予支持。

第四条 两个以上侵权人污染环境、破坏生态,对侵权人承担责任的大小,人民法院应当根据污染物的种类、浓度、排放量、危害性,有无排污许可证、是否超过污染物排放标准、是否超过重点污染物排放总量控制指标,破坏生态的方式、范围、程度,以及行为对损害后果所起的作用等因素确定。

第五条 被侵权人根据民法典第一千二百三十三条规定分别或者同时起诉侵权人、第三人的,人民法院应予受理。

被侵权人请求第三人承担赔偿责任的,人民法院应当根据第三人的过错程度确定其相应赔偿责任。

侵权人以第三人的过错污染环境、破坏生态造成损害为由主张不承担责任或者减轻责任的,人民法院不予支持。

第六条 被侵权人根据民法典第七编第七章的规定请求赔偿的,应当提供证明以下事实的证据材料:

(一)侵权人排放了污染物或者破坏了生态;

(二)被侵权人的损害;

(三)侵权人排放的污染物或者其次生污染物、破坏生态行为与损害之间具有关联性。

第七条 侵权人举证证明下列情形之一的,人民法院应当认定其污染环境、破坏生态行为与损害之间不存在因果关系:

(一)排放污染物、破坏生态的行为没有造成该损害可能的;

(二)排放的可造成该损害的污染物未到达该损害发生地的;

(三)该损害于排放污染物、破坏生态行为实施之前已发生的;

(四)其他可以认定污染环境、破坏生态行为与损害之间不存在因果关系的情形。

第八条 对查明环境污染、生态破坏案件事实的专门性问题,可以委托具备相关资格的司法鉴定机构出具鉴定意见或者由负有环境资源保护监督管理职责的部门推荐的机构出具检验报告、检测报告、评估报告或者监测数据。

第九条 当事人申请通知一至两名具有专门知识的人出庭,就鉴定意见或者污染物认定、损害结果、因果关系、修复措施等专业问题提出意见的,人民法院可以准许。当事人未申请,人民法院认为有必要的,可以进行释明。

具有专门知识的人在法庭上提出的意见,经当事人质证,可以作为认定案件事实的根据。

第十条 负有环境资源保护监督管理职责的部门或者其委托的机构出具的环境污染、生态破坏事件调查报告、检验报告、检测报告、评估报告或者监测数据等,经当事人质证,可以作为认定案件事实的根据。

第十一条 对于突发性或者持续时间较短的环境污染、生态破坏行为,在证据可能灭失或者以后难以取得的情况下,当事人或者利害关系人根据民事诉讼法第八十一条规定申请证据保全的,人民法院应当准许。

第十二条 被申请人具有环境保护法第六十三条规定情形之一,当事人或者利害关系人根据民事诉讼法第一百条或者第一百零一条规定申请保全的,人民法院可以裁定责令被申请人立即停止侵害行为或者采取防治措施。

第十三条 人民法院应当根据被侵权人的诉讼请求以及具体案情,合理判定侵权人承担停止侵害、排除妨碍、消除危险、修复生态环境、赔礼道歉、赔偿损失等民事责任。

第十四条 被侵权人请求修复生态环境的,人民法院可以依法裁判侵权人承担环境修复责任,并同时确定其不履行环境修复义务时应当承担的环境修复费用。

侵权人在生效裁判确定的期限内未履行环境修复义务的,人民法院可以委托其他人进行环境修复,所需费用由侵权人承担。

第十五条 被侵权人起诉请求侵权人赔偿因污染环境、破坏生态造成的财产损失、人身损害以及为防止损害发生和扩大、清除污染、修复生态环境而采取必要措施所支出的合理费用的,人民法院应予支持。

第十六条 下列情形之一,应当认定为环境保护法第六十五条规定的弄虚作假:

（一）环境影响评价机构明知委托人提供的材料虚假而出具严重失实的评价文件的；

（二）环境监测机构或者从事环境监测设备维护、运营的机构故意隐瞒委托人超过污染物排放标准或者超过重点污染物排放总量控制指标的事实的；

（三）从事防治污染设施维护、运营的机构故意不运行或者不正常运行环境监测设备或者防治污染设施的；

（四）有关机构在环境服务活动中其他弄虚作假的情形。

第十七条 本解释适用于审理因污染环境、破坏生态造成损害的民事案件，但法律和司法解释对环境民事公益诉讼案件另有规定的除外。

相邻污染侵害纠纷、劳动者在职业活动中因受污染损害发生的纠纷，不适用本解释。

第十八条 本解释施行后，人民法院尚未审结的一审、二审案件适用本解释规定。本解释施行前已经作出生效裁判的案件，本解释施行后依法再审的，不适用本解释。

本解释施行后，最高人民法院以前颁布的司法解释与本解释不一致的，不再适用。

11. 最高人民法院关于审理海洋自然资源与生态环境损害赔偿纠纷案件若干问题的规定

（2017年11月20日最高人民法院审判委员会第1727次会议通过 法释〔2017〕23号）

为正确审理海洋自然资源与生态环境损害赔偿纠纷案件，根据《中华人民共和国海洋环境保护法》《中华人民共和国民事诉讼法》《中华人民共和国海事诉讼特别程序法》等法律的规定，结合审判实践，制定本规定。

第一条 人民法院审理为请求赔偿海洋环境保护法第八十九条第二款规定的海洋自然资源与生态环境损害而提起的诉讼，适用本规定。

第二条 在海上或者沿海陆域内从事活动，对中华人民共和国管辖海域内海洋自然资源与生态环境造成损害，由此提起的海洋自然资源与生态环境损害赔偿诉讼，由损害行为发生地、损害结果地或者采取预防措施地海事法院管辖。

第三条 海洋环境保护法第五条规定的行使海洋环境监督管理权的机关，根据其职能分工提起海洋自然资源与生态环境损害赔偿诉讼，人民法院应予受理。

第四条 人民法院受理海洋自然资源与生态环境损害赔偿诉讼，应当在立案之日起五日内公告案件受理情况。

人民法院在审理中发现可能存在下列情形之一的，可以书面告知其他依法行使海洋环境监督管理权的机关：

(一)同一损害涉及不同区域或者不同部门；

(二)不同损害应由其他依法行使海洋环境监督管理权的机关索赔。

本规定所称不同损害，包括海洋自然资源与生态环境损害中不同种类和同种类但可以明确区分属不同机关索赔范围的损害。

第五条 在人民法院依照本规定第四条的规定发布公告之日起三十日内，或者书面告知之日起七日内，对同一损害有权提起诉讼的其他机关申请参加诉讼，经审查符合法定条件的，人民法院应当将其列为共同原告；逾期申请的，人民法院不予准许。裁判生效后另行起诉的，人民法院参照《最高人民法院关于审理环境民事公益诉讼案件适用法律若干问题的解释》第二十八条的规定处理。

对于不同损害，可以由各依法行使海洋环境监督管理权的机关分别提起诉讼；索赔人共同起诉或者在规定期限内申请参加诉讼的，人民法院依照民事诉讼法第五十二条第一款的规定决定是否按共同诉讼进行审理。

第六条 依法行使海洋环境监督管理权的机关请求造成海洋自然资源与生态环境损害的责任者承担停止侵害、排除妨碍、消除危险、恢复原状、赔礼道歉、赔偿损失等民事责任的，人民法院应当根据诉讼请求以及具体案情，合理判定责任者承担民事责任。

第七条 海洋自然资源与生态环境损失赔偿范围包括：

(一)预防措施费用，即为减轻或者防止海洋环境污染、生态恶化、自然资源减少所采取合理应急处置措施而发生的费用；

（二）恢复费用，即采取或者将要采取措施恢复或者部分恢复受损害海洋自然资源与生态环境功能所需费用；

（三）恢复期间损失，即受损害的海洋自然资源与生态环境功能部分或者完全恢复前的海洋自然资源损失、生态环境服务功能损失；

（四）调查评估费用，即调查、勘查、监测污染区域和评估污染等损害风险与实际损害所发生的费用。

第八条 恢复费用，限于现实修复实际发生和未来修复必然发生的合理费用，包括制定和实施修复方案和监测、监管产生的费用。

未来修复必然发生的合理费用和恢复期间损失，可以根据有资格的鉴定评估机构依据法律法规、国家主管部门颁布的鉴定评估技术规范作出的鉴定意见予以确定，但当事人有相反证据足以反驳的除外。

预防措施费用和调查评估费用，以实际发生和未来必然发生的合理费用计算。

责任者已经采取合理预防、恢复措施，其主张相应减少损失赔偿数额的，人民法院应予支持。

第九条 依照本规定第八条的规定难以确定恢复费用和恢复期间损失的，人民法院可以根据责任者因损害行为所获得的收益或者所减少支付的污染防治费用，合理确定损失赔偿数额。

前款规定的收益或者费用无法认定的，可以参照政府部门相关统计资料或者其他证据所证明的同区域同类生产经营者同期平均收入、同期平均污染防治费用，合理酌定。

第十条 人民法院判决责任者赔偿海洋自然资源与生态环境损失的，可以一并写明依法行使海洋环境监督管理权的机关受领赔款后向国库账户交纳。

发生法律效力的裁判需要采取强制执行措施的，应当移送执行。

第十一条 海洋自然资源与生态环境损害赔偿诉讼当事人达成调解协议或者自行达成和解协议的，人民法院依照《最高人民法院关于审理环境民事公益诉讼案件适用法律若干问题的解释》第二十五条的规定处理。

第十二条 人民法院审理海洋自然资源与生态环境损害赔偿纠纷案件，本规定没有规定的，适用《最高人民法院关于审理环境侵权责任纠纷案件适用法律若干问题的解释》《最高人民法院关于审理环境民事公益诉讼案件适用法律若干问题的解释》等相关司法解释的规定。

在海上或者沿海陆域内从事活动，对中华人民共和国管辖海域内海洋自然资源与生态环境形成损害威胁，人民法院审理由此引起的赔偿纠纷案件，参照适用本规定。

人民法院审理因船舶引起的海洋自然资源与生态环境损害赔偿纠纷案件，法律、行政法规、司法解释另有特别规定的，依照其规定。

第十三条 本规定自2018年1月15日起施行，人民法院尚未审结的一审、二审案件适用本规定；本规定施行前已经作出生效裁判的案件，本规定施行后依法再审的，不适用本规定。

本规定施行后，最高人民法院以前颁布的司法解释与本规定不一致的，以本规定为准。

12. 最高人民法院关于审理旅游纠纷案件适用法律若干问题的规定

(2010年9月13日由最高人民法院审判委员会第1496次会议通过　根据2020年12月23日最高人民法院审判委员会第1823次会议通过的《最高人民法院关于修改〈最高人民法院关于在民事审判工作中适用《中华人民共和国工会法》若干问题的解释〉等二十七件民事类司法解释的决定》修正)

为正确审理旅游纠纷案件，依法保护当事人合法权益，根据《中华人民共和国民法典》《中华人民共和国消费者权益保护法》《中华人民共和国旅游法》《中华人民共和国民事诉讼法》等有关法律规定，结合民事审判实践，制定本规定。

第一条 本规定所称的旅游纠纷，是指旅游者与旅游经营者、旅游辅助服务者之间因旅游发生的合同纠纷或者侵权纠纷。

“旅游经营者”是指以自己的名义经营旅游业务，向公众提供旅游服务的人。

“旅游辅助服务者”是指与旅游经营者存在合同关系，协助旅游经营者履行旅游合同义务，实际提供交通、游览、住宿、餐饮、娱乐等旅游服务的人。

旅游者在自行旅游过程中与旅游景点经营者因旅游发生的纠纷，参照适用本规定。

第二条 以单位、家庭等集体形式与旅游经营者订立旅游合同，在履行过程中发生纠纷，除集体以合同一方当事人名义起诉外，旅游者个人提起旅游合同纠纷诉讼的，人民法院应予受理。

第三条 因旅游经营者方面的同一原因造成旅游者人身损害、财产损失，旅游者选择请求旅游经营者承担违约责任或者侵权责任的，人民法院应当根据当事人选择的案由进行审理。

第四条 因旅游辅助服务者的原因导致旅游经营者违约，旅游者仅起诉旅游经营者的，人民法院可以将旅游辅助服务者追加为第三人。

第五条 旅游经营者已投保责任险，旅游者因保险责任事故仅起诉旅游经营者的，人民法院可以应当事人的请求将保险公司列为第三人。

第六条 旅游经营者以格式条款、通知、声明、店堂告示等方式作出排除或者限制旅游者权利、减轻或者免除旅游经营者责任、加重旅游者责任等对旅游者不公平、不合理的规定，旅游者依据消费者权益保护法第二十六条的规定请求认定该内容无效的，人民法院应予支持。

第七条 旅游经营者、旅游辅助服务者未尽到安全保障义务，造成旅游者人身损害、财产损失，旅游者请求旅游经营者、旅游辅助服务者承担责任的，人民法院应予支持。

因第三人的行为造成旅游者人身损害、财产损失，由第三人承担责任；旅游经营者、旅游辅助服务者未尽安全保障义务，旅游者请求其承担相应补充责任的，人民法院应予支持。

第八条 旅游经营者、旅游辅助服务者对可能危及旅游者人身、财产安全的旅游项目未履行告知、警示义务，造成旅游者人身损害、财产损失，旅游者请求旅游经营者、旅游辅助服务者承担责任的，人民法院应予支持。

旅游者未按旅游经营者、旅游辅助服务者的要求提供与旅游活动相关的个人健康信息并履行如实告知义务，或者不听从旅游经营者、旅游辅助服务者的告知、警示，参加不适合自身条件的旅游活动，导致旅游过程中出现人身损害、财产损失，旅游者请求旅游经营者、旅游辅助服务者承担责任的，人民法院不予支持。

第九条 旅游经营者、旅游辅助服务者以非法收集、存储、使用、加工、传输、买卖、提供、公开等方式处理旅游者个人信息，旅游者请求其承担相应责任的，人民法院应予支持。

第十条 旅游经营者将旅游业务转让给其他旅游经营者，旅游者不同意转让，请求解除旅游合同、追究旅游经营者违约责任的，人民法院应予支持。

旅游经营者擅自将其旅游业务转让给其他旅游经营者，旅游者在旅游过程中遭受损害，请求与其签订旅游合同的旅游经营者和实际提供旅游服务的旅游经营者承担连带责任的，人民法院应予支持。

第十一条 除合同性质不宜转让或者合同另有约定之外，在旅游行程开始前的合理期间内，旅游者将其在旅游合同中的权利义务转让给第三人，请求确认转让合同效力的，人民法院应予支持。

因前款所述原因，旅游经营者请求旅游者、第三人给付增加的费用或者旅游者请求旅游经营者退还减少的费用的，人民法院应予支持。

第十二条 旅游行程开始前或者进行中，因旅游者单方解除合同，旅游者请求旅游经营者退还尚未实际发生的费用，或者旅游经营者请求旅游者支付合理费用的，人民法院应予支持。

第十三条 签订旅游合同的旅游经营者将其部分旅游业务委托旅游目的地的旅游经营者，因受托方未尽旅游合同义务，旅游者在旅游过程中受到损害，要求作出委托的旅游经营者承担赔偿责任的，人民法院应予支持。

旅游经营者委托除前款规定以外的人从事旅游业务，发生旅游纠纷，旅游者起诉旅游经营者的，人民法院应予受理。

第十四条 旅游经营者准许他人挂靠其名下从事旅游业务，造成旅游者人身损害、财产损失，旅游者依据民法典第一千一百六十八条的规定请求旅游经营者与挂靠人承担连带责任的，人民法院应予支持。

第十五条 旅游经营者违反合同约定，有擅自改变旅游行程、遗漏旅游景点、减少旅游服务项目、降低旅游服务标准等行为，旅游者请求旅游经营者赔偿未完成约定旅游服务项目等合理费用的，人民法院应予支持。

旅游经营者提供服务时有欺诈行为，旅游者依据消费者权益保护法第五十五条第一款规定请求旅游经营者承担惩罚性赔偿责任的，人民法院应予支持。

第十六条 因飞机、火车、班轮、城际客运班车等公共客运交通工具延误，导致合同不能按照约定履行，旅游者请求旅游经营者退还未实际发生的费用的，人民法院应予支持。合同另有约定的除外。

第十七条 旅游者在自行安排活动期间遭受人身损害、财产损失，旅游经营者未尽到必要的提示义务、救助义务，旅游者请求旅游经营者承担相应责任的，人民法院应予支持。

前款规定的自行安排活动期间，包括旅游经营者安排的在旅游行程中独立的自由活动期间、旅游者不参加旅游行程的活动期间以及旅游者经导游或者领队同意暂时离队的个人活动期间等。

第十八条 旅游者在旅游行程中未经导游或者领队许可，故意脱离团队，遭受人身损害、财产损失，请求旅游经营者赔偿损失的，人民法院不予支持。

第十九条 旅游经营者或者旅游辅助服务者为旅游者代管的行李物品损毁、灭失，旅游者请求赔偿损失的，人民法院应予支持，但下列情形除外：

（一）损失是由于旅游者未听从旅游经营者或者旅游辅助服务者的事先声明或者提示，未将现金、有价证券、贵重物品由其随身携带而造成的；

（二）损失是由于不可抗力造成的；

（三）损失是由于旅游者的过错造成的；

（四）损失是由于物品的自然属性造成的。

第二十条 旅游者要求旅游经营者返还下列费用的，人民法院应予支持：

（一）因拒绝旅游经营者安排的购物活动或者另行付费的项目被增收的费用；

（二）在同一旅游行程中，旅游经营者提供相同服务，因旅游者的年龄、职业等差异而增收的费用。

第二十一条 旅游经营者因过错致其代办的手续、证件存在瑕疵，或者未尽妥善保管义务而遗失、毁损，旅游者请求旅游经营者补办或者协助补办相关手续、证件并承担相应费用的，人民法院应予支持。

因上述行为影响旅游行程，旅游者请求旅游经营者退还尚未发生的费用、赔偿损失的，人民法院应予支持。

第二十二条 旅游经营者事先设计,并以确定的总价提供交通、住宿、游览等一项或者多项服务,不提供导游和领队服务,由旅游者自行安排游览行程的旅游过程中,旅游经营者提供的服务不符合合同约定,侵害旅游者合法权益,旅游者请求旅游经营者承担相应责任的,人民法院应予支持。

第二十三条 本规定施行前已经终审,本规定施行后当事人申请再审或者按照审判监督程序决定再审的案件,不适用本规定。

13. 最高人民法院关于审理食品安全民事纠纷案件适用法律若干问题的解释(一)

(2020年10月19日最高人民法院审判委员会第1813次会议通过 自2021年1月1日起施行)

为正确审理食品安全民事纠纷案件,保障公众身体健康和生命安全,根据《中华人民共和国民法典》《中华人民共和国食品安全法》《中华人民共和国消费者权益保护法》《中华人民共和国民事诉讼法》等法律的规定,结合民事审判实践,制定本解释。

第一条 消费者因不符合食品安全标准的食品受到损害,依据食品安全法第一百四十八条第一款规定诉请食品生产者或者经营者赔偿损失,被诉的生产者或者经营者以赔偿责任应由生产经营者中的另一方承担为由主张免责的,人民法院不予支持。属于生产者责任的,经营者赔偿后有权向生产者追偿;属于经营者责任的,生产者赔偿后有权向经营者追偿。

第二条 电子商务平台经营者以标记自营业务方式所销售的食品或者虽未标记自营但实际开展自营业务所销售的食品不符合食品安全标准,消费者依据食品安全法第一百四十八条规定主张电子商务平台经营者承担作为食品经营者的赔偿责任的,人民法院应予支持。

电子商务平台经营者虽非实际开展自营业务,但其所作标识等足以误导消费者让消费者相信系电子商务平台经营者自营,消费者依据食品安全法第一百四十八条规定主张电子商务平台经营者承担作为食品经营者的赔偿责任的,人民法院应予支持。

第三条 电子商务平台经营者违反食品安全法第六十二条和第一百三十一条规定,未对平台内食品经营者进行实名登记、审查许可证,或者未履行报告、停止提供网络交易平台服务等义务,使消费者的合法权益受到损害,消费者主张电子商务平台经营者与平台内食品经营者承担连带责任的,人民法院应予支持。

第四条 公共交通运输的承运人向旅客提供的食品不符合食品安全标准,旅客主张承运人依据食品安全法第一百四十八条规定承担作为食品生产者或者经营者的赔偿责任的,人民法院应予支持;承运人以其不是食品的生产经营者或者食品是免费提供为由进行免责抗辩的,人民法院不予支持。

第五条 有关单位或者个人明知食品生产经营者从事食品安全法第一百二十三条第一款规定的违法行为而仍为其提供设备、技术、原料、销售渠道、运输、储存或者其他便利条件,消费者主张该单位或者个人依据食品安全法第一百二十三条第二款的规定与食品生产经营者承担连带责任的,人民法院应予支持。

第六条 食品经营者具有下列情形之一,消费者主张构成食品安全法第一百四十八条规定的“明知”的,人民法院应予支持:

(一)已过食品标明的保质期但仍然销售的;

(二)未能提供所售食品的合法进货来源的;

(三)以明显不合理的低价进货且无合理原因的;

(四)未依法履行进货查验义务的;

(五)虚假标注、更改食品生产日期、批号的;

(六)转移、隐匿、非法销毁食品进销货记录或者故意提供虚假信息的;

(七)其他能够认定为明知的情形。

第七条 消费者认为生产经营者生产经营不符合食品安全标准的食品同时构成欺诈的,有权选择依据食品安全法第一百四十八条第二款或者消费者权益保护法第五十五条第一款规定主张食品生产者或者经营者承担惩罚性赔偿责任。

第八条 经营者经营明知是不符合食品安全标准的食品,但向消费者承诺的赔偿标准高于食品安全法第一百四十八条规定的赔偿标准，消费者主张经营者按照承诺赔偿的，人民法院应当依法予以支持。

第九条 食品符合食品安全标准但未达到生产经营者承诺的质量标准，消费者依照民法典、消费者权益保护法等法律规定主张生产经营者承担责任的，人民法院应予支持，但消费者主张生产经营者依据食品安全法第一百四十八条规定承担赔偿责任的，人民法院不予支持。

第十条 食品不符合食品安全标准，消费者主张生产者或者经营者依据食品安全法第一百四十八条第二款规定承担惩罚性赔偿责任，生产者或者经营者以未造成消费者人身损害为由抗辩的，人民法院不予支持。

第十一条 生产经营未标明生产者名称、地址、成分或者配料表，或者未清晰标明生产日期、保质期的预包装食品，消费者主张生产者或者经营者依据食品安全法第一百四十八条第二款规定承担惩罚性赔偿责任的，人民法院应予支持，但法律、行政法规、食品安全国家标准对标签标注事项另有规定的除外。

第十二条 进口的食品不符合我国食品安全国家标准或者国务院卫生行政部门决定暂予适用的标准，消费者主张销售者、进口商等经营者依据食品安全法第一百四十八条规定承担赔偿责任，销售者、进口商等经营者仅以进口的食品符合出口地食品安全标准或者已经过我国出入境检验检疫机构检验检疫为由进行免责抗辩的，人民法院不予支持。

第十三条 生产经营不符合食品安全标准的食品，侵害众多消费者合法权益，损害社会公共利益，民事诉讼法、消费者权益保护法等法律规定的机关和有关组织依法提起公益诉讼的，人民法院应予受理。

第十四条 本解释自 2021 年 1 月 1 日起施行。

本解释施行后人民法院正在审理的一审、二审案件适用本解释。

本解释施行前已经终审，本解释施行后当事人申请再审或者按照审判监督程序决定再审的案件，不适用本解释。

最高人民法院以前发布的司法解释与本解释不一致的，以本解释为准。

实用工具

1. 民事起诉状(机动车交通事故责任纠纷)

原告:姓名_________,性别:____,______年____月____日出生,____族,住址:________省________市________区________镇__________村______组______号。

联系电话:____________________

被告一:姓名_________,性别:____,______年____月____日出生,____族,住址:________省________市________区________路______________小区______号楼______单元______室。

联系电话:____________________

被告二:____________保险股份有限公司________分公司,住所地:________省________市________区________路________号________座________层。

负责人:__________,职务:__________

联系电话:____________________

案由:机动车交通事故责任纠纷

诉讼请求:

一、依法判决被告一赔偿原告各项损失共计______元(其中:医疗费______元、后续医疗费______元、误工费______元、伙食费______元、护理费______元、交通费______元、住宿费______元、营养费______元、残疾赔偿金______元、残疾辅助器具费______元、被抚养人生活费______元、精神损害抚慰金______元);

二、依法判决被告一赔偿原告车辆损失共计______元；

三、依法判决被告二在责任保险赔偿限额范围内对被告一的上述赔偿义务承担连带赔偿责任；

四、本案诉讼费由被告承担。

事实及理由：

一、事故概况

______年______月______日，原告驾驶车牌号为______的小轿车与被告一驾驶的______汽车发生交通事故，造成原告人身与财产损害。事故地点为：______；事故原因为：______。该事故已由______市______区交通警察支队做出编号为______的道路交通事故认定书，认定被告承担事故全部责任，原告不承担事故责任。

二、保险情况

事故发生前，被告车辆已在被告二处购买了交通事故责任强制保险和商业险。

原告认为：被告一应就交通事故造成原告的损失予以赔偿，被告二应当在保险责任范围内承担连带责任。为维护原告合法权益，特向贵院具状起诉，请求支持原告请求。

此致

______人民法院

具状人（签名或盖章）：

______年______月______日

2. 民事起诉状（产品责任纠纷）

原告：姓名______，性别______，民族______，______年______月______日出生，住址：______省______市______区______路______小区______号楼______单元______室。

联系电话：____________________

被告：单位名称______住所地：______省______市______区______路______号______座______层______。

法定代表人：______，职务：______

联系电话：____________________

案由：产品责任纠纷

诉讼请求：

一、依法判决被告赔偿原告经济损失共计______元；

二、依法判决本案全部诉讼费用由被告承担。

事实和理由：

____

____

____

____

____

____

____

故原告诉至法院,请贵院判决支持原告的诉讼请求。

此致

______人民法院

具状人(签名或盖章):

______年______月______日

3. 民事起诉状(医疗产品责任纠纷)

原告:姓名______,性别______,民族______,______年______月______日出生,住址:______省______市______区______路______小区______号楼______单元______室。

联系电话:____________________

被告:______人民医院,住所地:______省______市______区______路______号______座______层______。

法定代表人:______,职务:____________

联系电话:____________________

案由:医疗产品责任纠纷

诉讼请求:

一、依法判决被告赔偿原告各项损失共计______元(其中:医疗费______元、后续医疗费______元、误工费______元、伙食费______元、护理费______元、交通费______元、住宿费______元、营养费______元、残疾赔偿金______元、残疾辅助器具费______元、被抚养人生活费______元、精神损害抚慰金______元);

二、依法判决本案全部诉讼费用由被告承担。

事实和理由:

____

____

____

____

____

____

____

该事故给原告造成了极大的经济损失和精神痛苦。

为维护原告合法权益，原告诉至法院，请贵院判决支持原告的诉讼请求。

此致

______人民法院

具状人（签名或盖章）：

______年______月______日

4. 民事起诉状(饲养动物损害责任纠纷)

原告:姓名______,性别______,民族______,______年______月______日出生,住址:______省______市______区______路______小区______号楼______单元______室。

联系电话:______________

被告:姓名______,性别______,民族______,______年______月______日出生,住址:______省______市______区______路______小区______号楼______单元______室。

联系电话:______________

案由:饲养动物损害责任纠纷

诉讼请求:

一、依法判决被告赔偿原告各项损失共计______元(其中:医疗费______元、后续医疗费______元、误工费______元、伙食费______元、护理费______元、交通费______元、住宿费______元、营养费______元、残疾赔偿金______元、残疾辅助器具费______元、被抚养人生活费______元、精神损害抚慰金______元);

二、依法判决本案全部诉讼费用由被告承担。

事实和理由:

____

____

____

____

____

____

____

该事故给原告造成了极大的经济损失和精神痛苦。

为维护原告合法权益,原告诉至法院,请贵院判决支持原告的诉讼请求。

此致

______人民法院

具状人(签名或盖章):

______年______月______日

5. 民事起诉状(提供劳务者受害责任纠纷)

原告:姓名______,性别______,民族______,______年______月______日出生,住址:______省______市______区______路______小区______号楼______单元______室。

联系电话:____________________

被告:姓名______,性别______,民族______,______年______月______日出生,住址:______省______市______区______路______小区______号楼______单元______室。

联系电话:____________________

案由:提供劳务者受害责任纠纷

诉讼请求:

一、依法判决被告赔偿原告各项损失共计______元(其中:残疾赔偿金______元、医疗费______元、后期治疗费______元、误工费______元、护理费______元、住院伙食补助费______元、营养费______元、交通费______元、精神抚慰金______元);

二、依法判决本案全部诉讼费用由二被告承担。

事实和理由:

____

____

____

____

____

____

____

____

____

____

为此，原告向贵院提起诉讼，请贵院判决支持原告的诉讼请求。

此致

______人民法院

具状人(签名或盖章)：

______年______月______日

《民法典》适用与司法实务

茆荣华/主编

978-7-5197-4499-1　定价：198.00元

结合《民法典》最新的法律规定和审判实务中的50个法律适用重点问题，聚焦《民法典》的重要法律制度，为《民法典》施行后的重点、疑难法律规定的适用提供具有可操作性的实务指引，为民商事案件的办理提供有益参考。

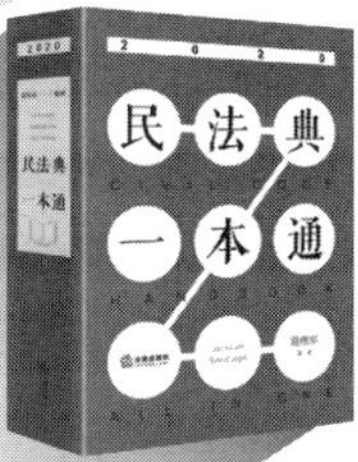

民法典一本通

葛伟军/编著

978-7-5197-4747-3　定价：186.00元

以《民法典》的结构为基础，按照总则、物权、合同、人格权、婚姻家庭、继承、侵权责任的体系编排。在体例上以民法典的条文为主线，摘编关联法律、司法解释及解释性文件、行政法规及部门规章，并以相关案例为实证。

身边的民法典（漫画说法）

张迪圣　张素/著

978-7-5197-4505-9　定价：48.00元

联系与社会大众紧密相关的衣食住行、物权合同、婚姻家庭、收养继承、购物消费及常见侵权情形等实际需求，通过形象生动的漫画展现身边常见的生活法律问题，并用通俗易懂的语言进行分析解答，为读者解决法律问题、处理法律事务提供实用的解答和指引。

中华人民共和国民法典
（学习笔记版）

978-7-5197-4820-3　定价：68.00元

本书为《民法典》的学习笔记版。根据条文内容精炼条文要旨，提炼出全文目录，方便读者查询。将法律条文序号一律由汉字改为阿拉伯数字，清晰醒目，可辨识性高。将法律条文序号、条旨、法律正文分三栏排列，方便查阅。法律条文包含多款的，分别在每一款前面标注款号，方便查找。每页的固定位置留白，供使用人评注。